櫻井浩昭の中小企業探訪

中小企業経営の"本質"を探る

真似るべき11人の経営者の生き様と85のヒント

株式会社ストラテジック
代表取締役
櫻井 浩昭 著

スモールサン出版

はじめに

私の本業は、株式会社ストラテジックの代表として全国の中小企業の組織変革をお手伝いすることです。

その一方で、2008年から立教大学名誉教授の山口義行先生と一緒に始めた「中小企業サポートネットワーク（通称スモールサン）」で「組織変革プロデューサー」としても活動させていただいています。


そんな私が、様々な企業のサポートをさせていただいて大事にしていることは、

「やり方」よりも「考え方」。

そして、

「考え方」は、その人の「あり方」から、
ということです。

いい経営をするために必要なのは様々な事例を学ぶことです。

もっと言えば、いい経営をしている会社のことを「真似る」ことです。

しかし、その会社の何を「真似る」かによって、その成果も変わります。


何を真似るべきなのでしょうか？

それは、「手段」を真似るのではなく、その背景にある「考え方」や「あり方」を真似るということです。

特に中小企業経営においては、「真似る」ことの第一歩は、経営者の生き様そのものに触れることに他なりません。


そこで生まれたのが本書です。

今まで試行錯誤しながら経営実践してきた経営者の方々にその秘訣や隠れたノウハウを私が聞き出し、深く掘り下げていきます。

一般的なビジネス書のような文章ではなく、会話形式ですので、「やり方」を頭で考えるのではなく、「あり方」を心で感じることができるはずです。

スッと腑に落ちる分、何も残らないのでは？　と思われる方もいらっしゃるかもしれません。

そのため、各編に後日談や所見をコラム形式にまとめました。

大事なのは、学ぶ＝真似ることです。

各編の最後に「真似るべきポイント」を掲載しましたので、ぜひ真似てください。

皆さんの会社に、きっと変化が生まれます。

◆目次――櫻井浩昭の中小企業探訪

第一部

時代に合わせた経営改革で選ばれる企業へ

「なんで？」の深掘りが、新たなビジネスを生む

有限会社 上田自動車

人は、何に対してお金を払うのか?――それは、「モノやサービスに対して」に決まっているだろうという方も多いことでしょう。それは確かにその通りです。

しかし、何度も購入するものや、もう一度利用したいなと思うものだったらどうでしょうか?

それは、商品そのものではなく「商品の価値」に対してお金を払っているのではないでしょうか。サービスであれば、サービスを受けて「感動・感激」したことで、もう一度利用しようと思うのではないでしょうか。

つまり、人は感動・感激にお金を払い、その連続が商いになるのです。

しかし、感動・感激をビジネスに転換することは容易ではありません。それも、新規にビジネスを生み出すならまだしも、既存のビジネスを変革していくとなると相当の努力が必要となります。

読者の皆さんの中にも、「感動・感激をビジネスにしたいのはやまやまだが、どうやったら良いか分からない」と悩んでいる方は多いと思います。そんな時、長崎県島原市にある小さな自動車整備工場における二代目社長の取り組みが、きっと参考になるはずです。

「なんで?」の深掘りが、感動のビジネスを生む――その答えは、経営者仲間からの「修理屋って何を修理したんだか分からないよね」と言われたその言葉の意味を考え抜いた先にあったのです。

■企業データ

有限会社　上田自動車

設　立	1973（昭和48）年7月
創　業	2005（平成17）年7月法人化
代表者名	上田 五月男
事業内容	「感動の車検」、自動車整備・鈑金・塗装、新車乗るなら「Jプラン」、新車・中古車販売及び関連商品の販売、損害保険及び生命保険、福祉用具貸与
所在地	長崎県島原市大下町丙1350番地
ホームページ	http://www.ecar-ueda.jp/

大火砕流の被災経験を越えて

櫻井　上田さんは創業社長ではないのですよね。

上田　はい、今の会社は、私の父が自動車修理工場として昭和48（1973）年7月に創業しました。私は、平成17（2005）年7月に二代目社長として事業を引き継ぎました。

櫻井　現在の敷地に創業以来ずっとあるのですか？

上田　いいえ、平成3（1991）年に起きた雲仙普賢岳噴火の土石流で自宅と工場が被災したので、移転しました。被災した私が育った実家は、父が寄贈し、現在は土石流被災家屋保存公園になっています。

櫻井　そうだったのですね。

被災した実家のあった場所を指さす上田氏

土石流に埋まり、保存公園として永久保存される実家の前に立つ上田氏

同世代の集う経営者塾でやる気スイッチON！

櫻井　後継者としてのスイッチが入ったのは、どういうきっかけだったのですか？

上田　もともと、父の会社に入社しても後を継ごうと思ってはいませんでした。でも、入社してから半年くらい経った平成14（2002）年9月に、スズキ自動車さんが主催する後継者向けの経営塾へ参加したんです。

「会社にいてもやることもないし行ってみるか」という軽い気持ちでした。でも、行ってみると自分と同年代の経営者が参加していて、みんな一生懸命やっている。みんな色々勉強していて、自分が知らないことを話している。大概のことには驚かないんですが、正直これにはビックリしました。単純に負けず嫌いなのもありますが、そこで会社を経営するぞっていうやる気のスイッチが入ったんです。

「なぜ？」の先にビジネスがある

櫻井　どうやって現在のビジネスにたどり着いたのですか？

上田　昔から問題意識だけは人一倍強かったので、「なぜ、お客様はお見積書の金額に納得しないんだろう」「なぜ、こんなに修理後のクレームが多いんだろう」「なぜ、翌月の売上げが読めないんだろう」って、いつも考えていました。

櫻井　その３つの悩みは、自動車修理工場ならではの悩みと言えますね。

上田　一生懸命やって、請求書をお客様に出したとしても「数字の端数切ってよ」って言われるのが当たり前の世界です。それも１円単位でなく千円単位で。

自動車修理屋としては部品が使えなくなっているから「これは交換してあげないといけない」と思っているのですが、お客様は「本当は交換する必要ないんじゃないの？」と思っている。

お客様に良かれと思ってやって差し上げたことに対して、納得してもらえていないってい

上田自動車　外観

う現実があるんです。

そんなある日、経営者の友人にこう言われたんです。「修理屋って、何やっているか分からん」って。なぜそんな風に思われるんだろうって、考え続けました。そしたらある日閃いたんです。「だったら修理の内容が徹底的に分かるようにしたらいいじゃん！」と。

櫻井 それなら「お客様がお見積書の金額に納得しない」「修理後のクレームが多い」という問題はクリアできそうですね。

しかし、「翌月の売上げが読めない」という問題だけはクリアできないですよね。

上田 そうなんです。そこで今度は自動車サービスに関するビジネスで必ず発生するものは何かを考え続けました。そして、やっと気づいたんです。自分の会社のサービスの中にもそれがあるぞって。

それが「車検」だったんです。

「自動車販売」で考えると、買い替えサイクルは8年以上になっています。「メンテナンスや消耗品」は6カ月

上田自動車社長の上田五月男氏

で、これは車の性能の向上と共に伸びていく傾向にあります。でも、メンテナンスに関しては予測ができないですし、競合も多い領域です。その点「車検」は2年に1回必ず来る。なので「車検」に特化することにしたんです。

問い続ける経営が市場を創る!

上田　でも、私は車検についてずっと疑問に感じていることがありました。それは、お車を数日間お預かりしている最中、お客様は「自分の車がどうなっているのか分からない」ということです。

しかも、車検って請け負っている会社側にとっても、陸運局に行ったり代車を出したりと効率が悪いビジネスなんです。お車をお客様宅に取りに行って、修理が終わったらお戻しするということをやるのが当たり前でした。でも、お客様に「自分の車がどうなっているのか」を見てもらうためには、工場に来てもらうしかない。

とはいえ「自分で車を持ってきてください」と言ったらどうなります?

櫻井　「じゃあ他にする」って言われてしまうでしょうね。

上田　ですよね。なので「そう言われないようにするにはどうしよう?」ってさらに考えました。

出た結論は「お客様が待っている間に車検を終わらせてしまおう」ということです。そうすれば、お客様に代車を出す必要もなくなり、一石二鳥です。

櫻井 といっても何時間も待てないですよね。どれくらいの時間で車検を可能にしたんですか？

上田 平均すると1時間です。長くても1時間半。

櫻井 それは凄い。なぜ、今までは数日間かかっていたんですか？

上田 業界の常識というか、今までのやり方に慣れていたからですね。通常の修理の合間に車検の車をいじって、今度はまた別の車を触って……って、効率が悪いことをしていたんです。そもそも車がリフトの上に上がりっぱなしの状態の修理屋さんっておかしいんですよ。短時間で集中すればできるものですから。車検の点検箇所は56項目ですが、それを二人で一気にやるんです。

櫻井 まるで自動車レースのピットインのようですね。

上田 「お車を預からないとお金をもらえない」というのが業界の常識で、昔の発想だったんです。そこを破壊し、新しい価値を生み出した。そこに「感動の車検」があったんです。

櫻井 業界の常識に「なぜ？」を問い続けたからこそ生まれたビジネスと言えますね。そして、経営者仲間からの疑問にも答え続けたからこそ生まれた市場でもある。

「感動の車検」で顧客数が8年で10倍に！

櫻井　上田さんの発想のポイントは「自動車整備工場」から「車検サービス支援業」に事業コンセプトを転換したということかと思います。

上田　はい、そこからすべてを見直しました。民間車検工場の認可を取得し、検査機器を購入し、

九州に１台しかない車検検査機を導入！

待合室から自分の車の車検の様子が見える

車検が終わるまでの間をくつろいで待っていていただくための応接コーナーも増設しました。さらに、それまで休みだった土日を、お客様に合わせて営業日にしました。現在、毎週水曜日を定休日にしています。

効率的に車検スケジュールを管理する必要があるので、顧客情報をシステムで管理できるようにもしました。アポイントを取るべきお客様を管理するボードと、予約が入ったお客様を管理するボードで分けていて、これですべてをコントロールしています（25頁参照）。

櫻井　社員さんの士気などに変化はあったのですか？

上田　はい。お客様から直接「ありがとう」って言われるようになったことは大きいですね。それと何よりも会社の経営が筋肉質になったということです。

櫻井　と言いますと？

上田　他社さんは「台当たり単価」で効率を考えるのだと思うのですが、うちの場合は「時間当たり単価」で

接客スペースには自動車各社のカタログが並んでいる

効率を見るようにしているんです。

台当たりで考えると、1台3万3650円です。時間に直すと2日間お預かりするので、8時間×2日間の16時間で3万3650円ですので、時間単価約2100円。

うちの場合は、1時間30分で1万3650円ですので、時間単価9100円。時間単価でいくと約4・3倍になる計算です。回転率も高くなるので、生産性が高いビジネスになります。

櫻井　筋肉質の経営が実現できると、社内の士気も向上するのですね。

上田　何よりも大きい変化は、「お客様に納得してもらえる」ってことです。お見積の端数を切られなくて済むんですから！　これが一番凄いことです。

「見える化」で、売掛金が減って、信用が生まれ、クレーム数が圧倒的に減った。減ったどころか、「ありがたい」って感謝してもらえる。

その証拠に、ご紹介が増え、車検の台数と管理顧客が以前の10倍に増えました。

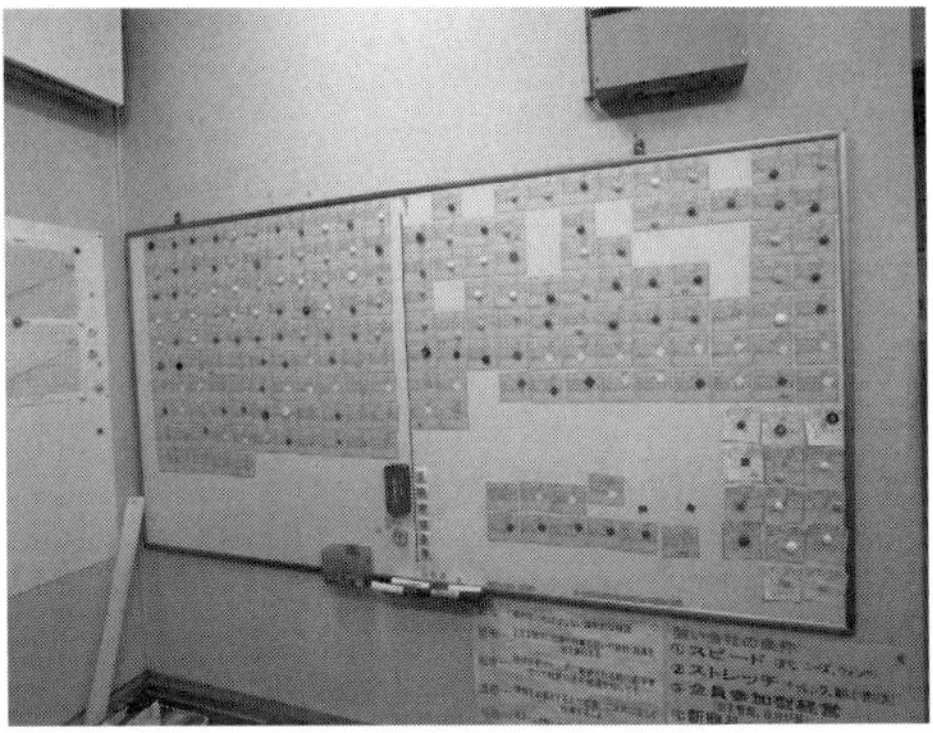

お客様管理ボード

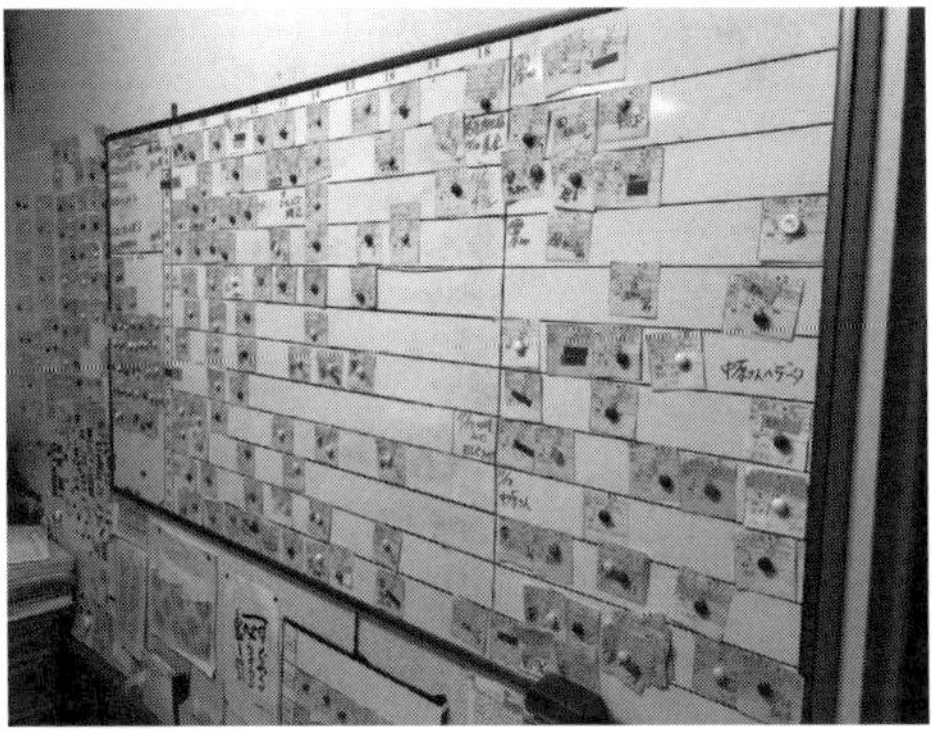

予約管理ボード

実は上田氏のこれらの取り組みには続きの話がある。

私は立教大学名誉教授の山口義行先生と共にBS11で毎月第一水曜日23〜24時に「中小企業ビジネスジャーナル」という番組でキャスターをさせていただいているが、この番組で毎年恒例となっているのが、「勇気をくれた企業アワード」だ。

上田氏の取り組みが認められ、この栄えある賞に見事選ばれたのである。

これだけでも十分素晴らしいのだが、彼の素晴らしさはこれで終わらない。

TVで表彰されたことをプレスリリースにし、地元のマスコミに発信。これを見た記者から取材が入り、地元新聞にでかでかと掲載。その記事のおかげで、事業用地の取得や金融機関との交渉が有利になったとのことである。

さらには、感動の車検だけでなく自動車販売やリースなども手掛ける「総合カーライフ支援業」としての全国ネットワークを立ち上げた。現在、その仲間を募っているとのことである。

どこまでもしたたかでにくめない「実践する」経営者の一人である。

「『なんで？』の深掘りが、新たなビジネスを生む」
――真似るべきポイント

☑ 自社の抱える問題点をそのままにせず、書き出し、どうしたら解決できるかを考え続ける。

☑ 顧客や友人の業界批判や会社批判に耳を傾け、「なぜそう言われてしまうのか？」を問い続ける。

☑ 自社のビジネスを「〇〇屋」としてではなく、「〇〇を実現することを支援する」と置き換える。

☑ 業務効率化のため、システム化と業務フローの見える化に投資する。

☑ お客様と社員が直接、接する機会を増やし、「ありがとう」と言ってもらうことで士気を上げる。

☑ 社内に閉じこもらず、社外での他流試合を通して、違う価値観に触れる機会を自ら創る。

事業戦略を磨く

株式会社 松和産業

「松阪」と聞いて真っ先に思い浮かべるもの——それは間違いなく「松阪牛」でしょう。

確かに、松阪牛は世界に誇る松阪のブランドです。しかし、松阪はそれだけではなく、松阪ポーク、松阪木綿、松阪茶などの名産品があるのです。そして何よりも、あの三井家発祥の地、「商人」の地でもあります。

近江商人とも比較される松阪商人の「あきんど」の気質が今も息づいている地、「松阪」。そんな松阪において、60年前に紡績工場として創業したのが松和産業。時代の変化に合わせて業態を変え、今では半導体の基板を製造する会社になっています。

今でこそ「超」が付くほどの優良企業となっていますが、社長の篠田さんが会社を継いだ時には20億円もの借金があったのです。それを10年余りで返済した裏には、松阪商人のＤＮＡともいえる顧客志向と「事業戦略」がありました。

「時間を商う」「お客にできませんと言う」「常識の逆を行く」——この事業戦略の背景を知ることで、時代の潮流と、顧客のニーズを読み、商いを続けることの神髄を知ることができます。

企業データ

株式会社 松和産業

設立	1977（昭和52）年9月
代表者名	篠田 正道
事業内容	1．プリント基板事業（プリント基板の設計製造）（ISO9001、14001審査登録） 2．特販事業（タイヤ修理・販売、各種広告看板製作）（ISO14001審査登録）
所在地	●本社：三重県松阪市大口町1624－1 ●関東営業所：東京都千代田区平河町2－14－5 松和産業ビル ●関西営業所：京都府京都市伏見区納所町544－3
ホームページ	http://www.showanet.jp/

紡績工場だった会社が、半導体の会社に！

櫻井 今では超が付くほどの優良企業ですが、事業は最初から順調だったのですか？

篠田 先代が亡くなった時には、20億円もの借金がありましたよ。全部を返済するのに13年かかりました。
もともとはこの地で三菱商事出資の紡績工場をやっていて、その関係から土地だけは持っていました。それで、自動車学校とかゴルフの打ちっぱなし場とかを試行錯誤した末に、今の松和産業を立ち上げたんです。

櫻井 20億円の借金をわずか13年で返済とは、凄いですね。
設備投資が大事な事業でありながら、このスピードで返済をしているということは、本業部分に何か特徴的な秘密があるんだと思いますが、それはズバリ何ですか？

篠田 それは、「時間」です。「納期を守る」とか、「納期が早い」ってことです。納期の遵守を実現するために、すべての工程を社内でやるようにしたんです。それによりスピードも速くなりました。「超短納期」がうちの最大の価値です。

櫻井 先ほど工場を見ていただきましたが、何かに気づきませんでしたか？
そう言われてみれば、止まっている機械が意外と多かったような気が……。

篠田　まさにそこなんです！　あれはスピードを速くするために必要なことなんです。「本当に採算合っているの？」というレベルの空き具合ですよね。ビックリするほどガラガラで（笑）。

櫻井　普通であれば、機械の稼働率を極限まで上げることにこだわると思いますが、そうではないんですね。一体どういうことなんですか？

篠田　20年の間に頂いたお客様からのご要望とクレームに真摯《しんし》に向き合った結果なんです。空いている機械をあえて残しておくことで、超短納期の仕事のために備えることができる。社内におけるすべての判断基準が「納期」「時間」になっているんです。
秋田でも青森でも赤帽さんを飛ばしますので、赤帽代が製品代を超えることが多々あります。ずっとそうやってきましたので、時間感覚だけは凄いんです。
同業者さんの中には、納期が遅れて当たり前の業界という感覚がありますから、「納期遵守率」というのをうたい始

様々な製品に組み込まれている基板

めたのは我々が初めてなんです。

櫻井 納期遵守率は、どれくらいなんですか？

篠田 現在99・997％です。当然、目指すべきは100％です。「この納期で」「この品質で」これを作れるのは世界で松和産業だけ、となることが目標です。

「それはできません」と言う営業

篠田 私たちは営業部門に「できないことは〝できません〟と言ってよい」と言っています。というのは、お客様は「最後の砦《とりで》」として我々のところに駆け込んで来られるケースが多いのです。そのため納期を安易に約束して、万が一その日にできていなかったら、とんでもないことになるのです。

櫻井 自社の唯一無二の「価値」を失うことになるわけですね。

篠田 今でこそ携帯電話にカメラ機能が付いているのは当たり前ですが、15年以上も前に、そのご相談が某メーカーさんからありました。カメラ機能を入れるには、電話機能の体積を大幅に小型化する必要があったんです。半導体の世界では可能なことでしたけど、プリント配線板の中でそれを達成するのはまだ無理な時代でした。ですから、「現状は無理です」とお答えしました。ただ、我々の設備の導入によって、「〇年まではできるようになります」ということをしっかりお客様に報告させていただきました。そして数年後、私たちが言った通り、携帯の中にカメラが組み込まれるようになったんです。

櫻井 メーカーさんも自分の力だけではものは作れない時代ですね。

篠田 我々のような中小と言われるところをたくさん使いながら、日本でしか作れないものを作っていってくれます。ですから、我々もできないことは「できません」だけではなくて、「ここが難しいけど、ここを改善すればできます」と答えます。可能性のある断り方をすれば、お客様ともう一度夢が持てると思うんです。

櫻井 お客様がもう一度戻って来るということですか?

篠田 そうです。夢を夢のまま終わらせないということです。「こういう理由で、できません」といったん断った上で、こう続けます。「ただし、もしかするとできるかもしれま

松和産業社長の篠田正道氏

せん」と。

櫻井　どういうことですか？

篠田　無償で作るんです。受注したのと同様に作ることを試みますが、当然「良品」を出す可能性は50％とか30％しかない「チャレンジ」です。チャレンジですので、お代は頂きません。こういう試みをかなりの数やりました。

その結果どうなったかと言うと、「うちからしか良品が出なかった」というケースがかなりあるんです。携帯の基板なども、もう1社さんが受注したものの、納期通りにあがってきたのはうちだけで、両方実験してみたら良品もうちだけだったということがあります。

櫻井　それは発注者からしてみたら、「こっちに金を払わないのに、なんで向こうに払わないといけないんだ」ってなりますね。

篠田　できないことには「できない」と言って、「でも可能性はあるのでやらせてください」と言う。日本人はそういうことを好むんだと思います。できないことをできないままで放っておくのは癪《しゃく》ですし、いつかは作れるようにしたいですしね。

1社に依存しない方針を貫く

櫻井　ズバリお聞きしますが、経営戦略で掲げているものは「時間」と「納期」以外でありますか？

篠田　顧客を全国に分散させていることと、売上げを1社に依存させていないということですね。昔は地元の三重県が40％を占めていましたが、今は、10％ほどまで引き下げることができています。

営業方針としても独立独歩でいきたかったので、1社当たりのシェアを5％以内にしようと掲げています。1社にたくさん買っていただくと、そこに隷属《れいぞく》してしまうのが普通の中小企業のあり方ですから。

櫻井　そうなると、いわゆる「下請け体質」になっていきますね。

篠田　そうです。そして、メインとなる顧客が駄目になると共倒れ。それが嫌でした。我々はどこかの下請けでもないですし、資本も仕事も系列がないので、一つ一つ仕事を頂いたところを優先して、頂いた納期を絶対遵守していきます。

親方を決めると良いこともあるんでしょうけど、よその仕事を排除していかないといけなくなるというデメリットが大きい。我々はその道をあえて選ばなかったんです。

当期利益は「全部」設備投資に回す

櫻井 そういう戦略が他社との差を生んでいるんですね。他にもありますか？

篠田 以前から決めていたのは、「当期利益は全部設備投資に回す」というものです。

櫻井 えっ、全部ですか。

篠田 はい、私が社長になった時にそう決めました。増産のために装置をもう1台入れるという考えはありません。難易度が高すぎて作れないものをどんどん作れるようになりたいんです。

売上げを増やしてどんどん「工場らしい工場」にしていくよりも、ラインも常時動いているわけではないけど、「なんか面白いもん作れるで」という工場を目指そうと。そんな工場が日本に一つぐらいあってもええんちゃう、みたいな（笑）。

本当に売上げは増えていないですが、それで良しとしています。「志が低くないか」と自問もしましたけど、これで良かったと思います。

右肩上がりの経済が続くようでしたら、もっと売上げも上げねば……となりますが、このような厳しい時代なので、目指すは利益の部分です。

つらい時こそ、顧客に尽くして痛みを分かつ

櫻井　リーマンショックはどう切り抜けたのですか？

篠田　確かに売上げはガクンと落ちました。そこで行ったのが稼働日の拡大です。月～金は売上げが半分だから、半分の人間を休ませるのが筋なのでしょうが、それは2割だけにしようと。そして、年間13日営業日を増やす。本部の稼働時間を、9～18時から8～20時にする。さらに営業担当も2人にしました。

つらい時だからこそ、とことんお客様に尽くしてみようと実行したんです。

そのおかげで、リーマンショック後の受注の立ち上がりは早かったです。お客様が助けてくださったんですよ。東日本大震災の後に、資材が入りにくくなった時もそうでした。「松和さんだけには」と言って、資材が途絶えないようにしてくださったんです。「困ったときはお互い様」ということですよね。ここ一番という時に大事にしていれば、義理は必ず返ってくるのだと実感しました。

常識の逆を行くと、経営の本質が見えてくる

櫻井 そういった篠田さんの「経営者としてのセンス」はどこで身についたんですか。

篠田 簡単ですよ。知恵は泉のようには湧いてきません。私が行っているのは「逆目」です。大震災による停電の影響下で対応時間を8～20時に延ばしたのも、中部電力さんの動きの「逆目」です。中部電力さんの「こんな時期だから9～15時にします」という発表を見た時に、「これはお客様が不便になるな」と思ったんです。その正反対にすれば、お客様は便利になりますよね。
営業マンを1社当たりに1人ではなく複数体制にしたのも、世の中がネット販売へシフトしたことへの「逆目」です。すべてのトレンドの正反対には必ず特色があって、そこには手堅いニーズがある。だから、私は常にトレンドの「逆目」を取り入れられないかを吟味しているのです。

櫻井 逆目戦略。分かっていても勇気がいる選択ですね。仮に逆の道を選択したとしても、途中で止めてしまう人もいますよね。

篠田 そうですね。トップだけではなく、社員全員の納得の下でしかできないです。逆目を行くメリット、デメリットを出して議論して決めることもありますし、トップダウンで決める

こともあります。

決めたことについては、まい進して行こうという企業風土もありますし、駄目だったら元に戻そうと腹をくくって進む。ですから、疑問に思っていることはどんどん言ってもらい、代案を出してもらった上で納得できるまでみんなで議論します。

櫻井　議論すると納得するものですか？

篠田　ある方針に対して、一番反対していた社員がいました。「議論を尽くしたのでこれで決定」ということになったのですが、その後、新しい方針についてのメリットをお客様に一番力説したのは、その社員だったんです。あれだけ反対していたのに、会社に帰ってきた途端「社長、あれは本当に良い案だと思います」って。

本気で反対したからこそ、とことん議論した上で「こっちへ行こう」と決めた時には、腹をくくって生まれ変われるんだなと感じました。

力でねじ伏せたら、いろんな意味でしこりが残ります。人間同士は鏡と一緒。奪おうとすると奪うし、与えようとすると与えてくれる。そういうものなんです。

「東京から松阪に来られるのに、櫻井さんは名古屋まで『こだま』ではなく『のぞみ』で来られましたよね？　あれと一緒です、うちのビジネスは」と篠田氏は言う。当時は「のぞみ」に特急料金があり、高かった。

つまり、我々が「のぞみ」に乗るのには、「快適な座席を買っているのではなく、時間を買っている」という意味がある。篠田氏の会社も、お客様に半導体基板を買っていただいているのではなく、超短納期という「時間」を買っていただいている、ということだ。

そんな篠田氏には、専務という素晴らしい右腕の存在があることも忘れてはならない。高校の同級生だったという専務は、大手印刷機メーカーOBでもある。彼が技術系を取り仕切り、篠田氏が営業系を取り仕切っている。自分にないものは、周囲の人に頼ってしまおう。これも篠田氏の「戦略」の一つと言える。

「革新と創造の担い手」としての中小企業経営者。言葉として理解はしていても、実際に革新と創造をたゆまず続けていくことは容易ではない。特に事業が順調な時には「次に備えよう」という発想にならないのが世の常。さあ、備えよう。常識の逆へ。

左から専務の玉置氏、社長の篠田氏、取締役の中村氏

「事業戦略を磨く」――真似るべきポイント

- 商品単価にレバレッジをかけるために、「時間と品質」など2つの掛け算を新たなる価値にする。
- 新たなる価値が決まったら、社内の判断基準をそれにすべて合わせる。
- たとえ営業でもお客様に「それはできません」と言わせるくらい徹底する。
- 顧客を全国に分散させ、1社当たりのシェアを5%以下にする。
- 当期利益は、すべてを将来の投資に回す。
- 経営の本質を貫くためにも、あえて常識の逆を行く。
- 社員に納得して動いてもらうために、新たな方針を徹底的に議論させる。
- 判断結果が反対意見だったとしても、最後はトップダウンで決定することもある。
- 反対意見を言っていた者も議論を尽くしていれば納得して動いてくれる。

飽きないを商うという意味

株式会社 大晃鋲螺

「鋲螺《びょうら》」とは、画鋲《がびょう》などの「鋲」と螺旋《らせん》の「螺」を組み合わせた言葉で、ボルトやナットといった「ねじ」のことです。昔はねじを「螺子」と書いていたそうです。

大晃鋲螺《だいこうびょうら》は、ねじの卸小売り販売の会社ですが、工場を持たない機械部品の総合商社でもあります。

電気、水道、下水道などのインフラ設備企業や、電気、自動車などの基幹産業を支える企業をはじめ、ほとんどの大企業が組織の縦割りと分業化へ向かって走っています。そこで問題となるのが、全体を見渡せて、工程の関連を掌握できる人材の不足です。

なんと、従業員8名の大晃鋲螺が、この基幹産業を支える企業の問題を解決しているのです。彼らが持つ「つなぐ」力が、「どんな技術を投入すべきか?」「何を省力化できるのか?」「どこに発注すると上手くいくか?」などの解決策を提供するのです。

ねじの小売り販売から「製造業の連携コンサルタント」へ。その転換には、飽きない(商い)取り組みがあったのです。

■企業データ

株式会社 大晃鋲螺

設　立　1971（昭和46）年

代表者名　北島 章雄

事業内容　ねじ製造・卸販売及び小売、機械工具・締結部品総合商社

所在地　福岡県福岡市博多区博多駅南5-7-20

ホームページ　http://www.daiko-byora.co.jp/

ねじ屋が製造業の駆け込み寺に

櫻井 大晃鋲螺という社名だけに、扱っている製品はねじなのでしょうか？

北島 ねじも扱ってはいますが、取り扱いは売上げ全体の3割を切っています。先代からずっと供給している電力関係、マンホール付帯部品、道路標識部品などが3〜4割程度。残りの3〜4割が全くの新規で特殊な商品なんです。

ほとんどが企業相手の仕事で、ほぼ生産技術部門やR&D（Research & Development の略。研究所や製品開発部、企画開発部など）部門との打ち合わせです。

どこの工場でも嫌がられ、断られた案件がうちに持ち込まれるとも言えます。ですので、図面を見た瞬間に「うわー、この図面やっかいだなー」っていうものばかりです（笑）。

櫻井 「特殊部品の駆け込み寺」ですね。実際、どんな案件が持ち込まれるんですか？

北島 油圧系の精密な部品や、自分の重さで自然と沈み込むねじとか、合わさったら二度と開かなくなるねじとか……。

お客様には、「どこにもできないような難しい案件をください」と言っています。「ただし、値段で困っているようなやつは止めてください」って（笑）。「これどうやって作ろうか？」「これどうやったら、もっと上手くできるだろうか？」といった困りごとをなんとかするのがうちの会社なんです。

そんなことを創業以来50年ほどやってきているので、大概のことはできます。どこに高い技術を持つ工場があるかを知っていること。何よりも、必要な技術の目利きが大事です。

櫻井　えっ？　ということは、自社工場を持っていないんですか？

北島　はい、あえて工場は持ちません。多少、手直しができる研磨などの最低限の機械だけは持っていますが、それ以外はすべて外注。うちはハブ機能の会社なんです。

先代も既製品に重きを置いてはおりませんでしたが、ねじの在庫販売はかなりありました。今はそれも縮小気味。お客様から定期的に発注のあるものを特殊品に限らず在庫として置いて、それ以外の特殊なものはすべて受注生産にしております。

もともとは、親父がねじ屋さんから独立してできた会社ですが、「既製品では面白くないな」っていう考えの持ち主でした。私の代でさらに顕著になったという感

大晃鋲螺社長 北島章雄氏

じです。

「なんとかしてくれる北島章雄」は試行錯誤から

櫻井　今は、社名とは違うことをしているんですね。具体的にはどんな仕事に取り組んでいるんですか？

北島　最近の事例で珍しいものはドリルですかね。

櫻井　ドリルですか？　そんなに珍しくないような気もしますが。

北島　古い建造物のタイルが浮いて崩落する事故があったりしますよね。あの補修工事って、タイルが崩落しそうな部分をはがして張り替えたほうが安くできるんですが、全く同じタイルって再生産できないんです。どうしてもタイルの色が多少違ってしまう。そうすると建物の資産価値が下がる。
そこで、外壁にドリルで穴を開けてタイルを留めるという工法があるんです。ただし、普通の穴を開けるドリルでは駄目です。建物を傷めずに、外壁を汚さないで、静かに小さな

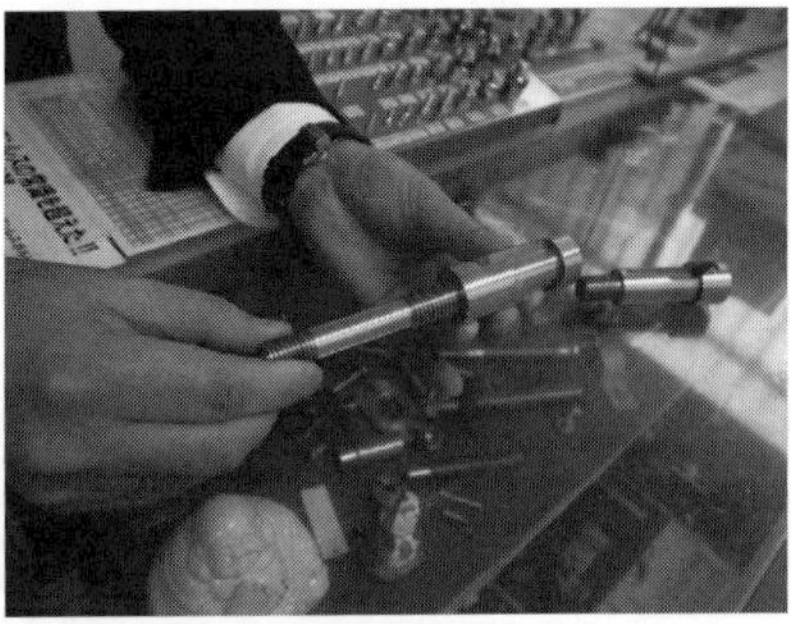

自重で沈み込むねじ

穴を開ける必要があるんです。
そのため、ダイヤモンドビットの先端から水を噴出しながら穿孔《せんこう》し、同時にその水を吸い込む装置も付いたものが必要になります。さらにドリルのトリガーを引くと水の供給装置と共に水を吸い込む装置が作動し、トリガーを戻すと5秒後にその装置が停止するようにコントロールできないかなど、わがままなオーダーのものです。

櫻井 確かにそれは特殊ですね。

北島 他のメーカーさんはやりたくない案件なんです。技術的にはできるんですが、やりたくない。なぜならモーターに水が入ったらまずいんです。なので私たちも、引き受けたのはいいけれど一筋縄ではいきませんでした。かなり試行錯誤して、実験の繰り返しでした。「水圧はどれくらいが適切だ?」「ゴムが水圧や摩擦、それに伴う熱に耐えられるのか?」って。結局、ゴムでは耐えられませんでした。最後の最後に、特殊な樹脂を加工することでなんとかできました。
受注する時も、「任せてください」とは言ったものの、内心ビビっていましたね。「実験しながら進めていいですか?」「完成品ができても、分からない人には使わせないでください」「もし水が漏れたら、すぐにご連絡ください」って。

櫻井　でも完成したんですよね？

北島　はい、その工法で様々な文化財的建造物のタイルの補修もしました。この工法を支える特殊ドリル装置を数十台納めています。

名付けて「モノづくり連携コンサルタント」

櫻井　このような信頼感や、技術の目利きやネットワークはどのようにして養ってこられたのでしょうか？

北島　根幹になるのは、福岡にある地場企業様とのお付き合いですね。例えばマンホールの鉄製の蓋の製造で有名な会社。マンホールの蓋の下には色々な装置が付いていますし、さらにその下には大事なインフラがあります。下水道だけでなく、電線、光ファイバーなどのライフラインが通っています。そのため、普通のスパナでは開かない、ボルト自体がカギの機能を有する形状のものが必要になることもあります。

さらに下水道には、豪雨の流入による水圧の上昇や下水から発生するガスや悪臭の問題もあります。防臭のために通常閉じていて、内部のガスや水圧が一定以上になると開く弁だったり、外部より水が入ってきたら別の弁が開く装置だったり、そのようなものを製造し、長い間納めさせていただいています。

櫻井　なるほど、大晃鋲螺さんの企業としての価値が見えてきました。

北島　何かと何かを組み合わせる力がうちの真の強みでしょうね。製造コーディネーターとも言えますかね。部品と部品をくっつけるねじのように、ニーズと解決策を「くっつける」ということが私どもの価値と言えます。

櫻井　発注者側にはそのような人材がいないということでしょうか？

北島　そうなんです。その理由は二つ。一つは、大企業が分業化を進めすぎたこと。もう一つは価格競争に走りすぎたこと。この二つの理由によって、全体を分かっている人材が社内にいなくなってしまったんです。これは、作り手側にも言えることです。板金や溶接の工程だけでなく、表面にゴムを貼ったり、アセンブリー（assembly。最後の組み立て）をしたり、すべてを知っている人が大企業には少ない。自社だけでは無理だから、私たちの会社が設計段階から入ってアドバイスをしてあげる必要があるのです。そのため、「口では説明できないんで、とにかく来てくれる？」と言って、呼ばれることが多いです。

櫻井　具体的にはどんなことでお客様から呼ばれるんですか？

北島　「図面通りに作りたいんだけど難しいからなんとかしてくれないか？」とかですね。企業によっては図面だけを描く専門家もいるんですが、モノの作り方をよく知らないまま描くので、図面の通りに作れないこともあるんです。

櫻井　どういうことですか？

北島　例えば、切削したり加工したりする際には、どうしても部品に触れる部分が出ます。そうするとブレるんです。コンマ2桁とかで。ですので、触ってもよい部分をどこにするか、切断したら下に落としてよいのか、落としてはいけないならどこを触ってよいのか、そういうことを知った上で設計しなきゃいけないのに、知らない設計者が図面を描いてしまうんです。

また、仮に知っている人が図面を描いたとしても、今度はもの凄く高価なものになってしまう。いかに必要ない部分の精密な公差（許容される誤差の範囲の意）を「省けるか」ということも大事な部分なんです。

図面以外でも同じで、材料を知り尽くしている職人はいるけれど、その人は切削のことは知らない。僕らはその両方を知っているので、そこをつないであげるんです。

櫻井　名付けて「モノづくり連携コンサルタント」でしょうかね？「社外工場長」とも言えますね。

どんな人でも秀でた部分が必ずある

北島　実はこの世界って、専門性と同時に創造性や変革性の側面が必要とされることもあるので、柔軟なほうが良かったりするんです。「何かできたら次へ」「何かできたら次へ」って進めていく私のようなタイプのほうがむしろ良いのかもしれません。

櫻井　専門性が変化を邪魔してしまうこともあるのかもしれないですね。「深く一つのことを極める」ということと同時に「別の視点からものを見る」ということの両方が大事なのでしょうね。

北島　そうなんです。まさに別の視点からも、ものを見られる能力です。モノづくりの基本は絵を形にすることです。イメージしたものを紙に落として、組み立てる、不具合を直す。その繰り返しです。携帯電話も車も、最初は平面的な紙から始まります。ですので、平面を立体的に展開できたり、立体物があったなら見えない側がどうなっているかをイメージできたりする能力を育てないといけません。

飽きないものを商う喜び

櫻井 北島さんが現在取り組んでいることや、今後挑戦したいと思っていることはありますか？

北島 そうですね、あえて言えば英語でしょうか？　海外メーカーと日本の製造業の橋渡し役ができたら、そりゃ最高ですよ。日本の製造業も活性化するでしょうし。日本なら図面さえあれば、どこに持ち込んでも同じものができます。しかし、海外ではそうはいきません。まず機械を探さないといけないし、たとえ機械があったとしても操作できる人材がいない。旋盤（切削物を回転させ、バイトと呼ばれる工具で切削加工をする工作機械）、マシニングセンタ（工作物の取り付けを変えずに、穴あけ・中ぐり・ねじ立てなど二次元以上の作業ができる数値制御工作機械）、ターレット（切削刃物が取り付けられている刃物台）など、機械があっても、重要なのはそれを扱う人材です。

櫻井 そこを北島さんが間に立ってつないであげるってことですね。

北島 0・01ミリがどうしたと、うんざりすることも正直ありますが、この世界は飽きませんよ。まさに「飽きない」だけに「商い」ですね。
仕様書がない部品などを持ち込まれ、「これと同じものができませんか？」とか、「海外にしかない部品なんですが、手に入りますか？」といったオーダーもよく頂きます。これらの悩みは日本国内だけではなく、世界共通の悩みだと思います。それがある以上、私みたいな者がお手伝いする必要があります。

なんにでも飽きずに興味を持ち続ける。これが私の生き様です。

前述のスモールサンの経営者勉強会は福岡にもあり、スモールサン・ゼミFUKUOKAという。そこのプロデューサーでもある株式会社Campanula（カンパニュラ）の権堂《ごんどう》千栄実《ちえみ》氏と北島氏は地元の小中学校、高等学校に出向いて、モノづくり体験の授業をしている。

小学校であれば、鋼板やねじを使って子ども達が自由に組み立てを体験する。製作物の設計図はなく、子ども達の自由な発想で作成するのだが、体験前に必ず「会社の役割」「仕事の必要性」を説明することがポイントだそうだ。中学校であれば、図面を渡し、その通りの立体を紙とはさみを使って作ってもらう。図面と言っても、左から見ると丸、右から見ると四角、上から見ると切れ込みが入っているような簡単なものだ。すぐに取り掛かる子もいるが、全く分からない子もいる。理系かどうかは数学ができるかどうかではないということを体感してもらうのだそうだ。イマジネーションを広げられ、立体的なことを考えられるかどうかが理系には大事なのだと教えることもある。

これまでの時代は平均的にすべてができることを求められたが、これからは、一つのことが秀でていれば、どこでも通用する可能性もある。仮に、大企業が一つのことだけに秀でている人材を採用することに尻込みしているのなら、色々な人材を採用できることは中小企業の強みとも言える。どんな人でも卓越した点がある。中小企業経営者は、そこを見出し、認めてあげる。それが大企業にはできない、中小企業だからこそできることなのである。

「飽きないを商うという意味」——真似るべきポイント

- ☑ 金額以外で困っていることを解決するのが商い。
- ☑ 事業内容が社名にある仕事だけと捉えないのが商い。
- ☑ 他社がやりたがらないことをやるのが商い。
- ☑ やらせてくださいと言いつつ、できるかどうかビビるのが商い。
- ☑ 口では説明できないことどうしをつなぎ合わせるのが商い。
- ☑ 専門的に深く一つのことを極めつつ、別の視点からもモノを見られるのが商い。
- ☑ なんにでも飽きずに興味を持ち続けるのが商い。

第二部

高品質なブランド力で
信頼される企業へ

こだわりで日本一に

株式会社 中尾清月堂

「100年企業」――それは中小企業として目指すべき一つの姿かと思います。

しかし永続する企業の条件とは、そう簡単なものではありません。事業承継を進める上で、変えずに守っていくべきものと、あえて変えていくべきもの。特にこの見極めが、永続企業になれるかどうかの分かれ目になるのではないでしょうか。

そんな永続企業の条件を知る上での好事例が新潟と富山にあります。

富山県高岡市にある中尾清月堂は、明治3(1870)年創業、147年もの伝統を誇る老舗の和菓子屋さん。

新潟市の繁華街、古町にある丸屋本店は、創業明治11(1878)年。こちらも約140年にわたって伝統を受け継いできた老舗の和菓子屋さん。

この2社に共通するのは「老舗の和菓子屋さん」ということだけではありません。

「目玉商品がある」「地元を愛する」「全国に発信する」――そして何よりも「革新している」こと。さあ、永続企業の条件を探っていきましょう。

企業データ

株式会社 中尾清月堂

設立	1870（明治3）年
代表者名	中尾 吉成
事業内容	和菓子、洋菓子の製造・販売、直営店の運営
所在地	富山県高岡市宮田町2－1
ホームページ	http://nakaoseigetsudou.jp/

伝統の中にも革新を

櫻井 中尾清月堂さんは150年近くもの伝統がある和菓子の老舗店ですが、店内を見回すと洋菓子もたくさんあるんですね！　とっても美味しそうです。

中尾 そうですね。先代からずっと言われていたのは、「いい材料、いい職人の技術、いい接客、いい空間」でした。でも、私は伝統を守りながら革新していくことも大切だと思っています。

うちは和菓子がメインなので、40代以上のお客様が多かったんです。そこで、10～30代の需要を取り込むためにどうにかしなければ、ということで洋菓子も取り入れようと決めました。

しかし、街のケーキ屋さんのように何種類ものケーキをショーケースに置くようなことはしません。同じ土俵で勝負していては負けてしまいますので。

ケーキ屋さんのようにたくさん商品を扱うのではなく、いくつかの商品を徹底的に強くして、それだけは値段と味で他の店に負けないようにしようと考えました。

人気商品「ダックワーズ」

櫻井 その洋菓子の柱になる商品はどんなものなんですか？

中尾 洋菓子の柱は2つで、ロールケーキ、そしてダックワーズです。ダックワーズは、泡立てた卵白に砂糖をふるって焼いたお菓子で、うちのは他のお店ののとは一味違います。通常より断然大きくて厚さがあり、砂糖をふるのも通常1回のところを2回にしています。より外はカリッと、中はふわっとしていて、うちより美味しいダックワーズは食べたことがありません（笑）。

他に、パンのドンクさんとコラボして、あずきのパンを作ったこともあります。10代の方には「あんこ」というだけで気嫌いする人も多いんです。そういう人たちに本当に美味しい黒豆や丹波大納言の良さを知ってもらいたいという気持ちがあり、うちからドンクさんにお話を投げかけたところ、了承していただけました。

譲れないこだわりは「手作り」と「日本一の美味しさ」

櫻井 とは言っても、真の目玉商品はどら焼きですよね！

中尾 どら焼きは1日平均3000個ほど売れています。手で焼いて、あんこを詰めて、包装まですべて手作業で行っています。全部を手作りでやっているお店は日本中探してもなかなかないと思いますよ。

手作りじゃないと出せない味と食感で、どら焼きも日本一を目指しています。

櫻井 なぜ、そこまで手作りにこだわるんですか？　ちょっとだけ機械化とかしないいんですか？

中尾 モノづくりにおいて、人間の手でしかできない部分は必ずあると思うんです。下手すると機械で作るより早く、そしてクオリティーが高いこともあります。

どら焼きの売上げが上がっていくと、そこで働いている人間もどんどんレベルアップしていって、機械に負けない正確さとスピードと技術がついてくる。これはどうしても残さないといけない部分だと思っています。なぜなら、機械に頼ってしまうと、すべて機械が自動的にやってくれるので材料の配合だけにしか特徴を出せなくなってしまいます。

私は手でしか出せない特徴を出し続けたいんです。大事なのは人間と機械の棲み分けです。

櫻井 消費税増税の際には商品の値段はどうしたんですか？　相当の影響が出たんじゃないです

様々な種類の豆

あんこも手作業で詰める

どら焼き作りはすべて手作業

一つ一つ手作りのどら焼き

か？

中尾　1年の中でも3～4月が一番忙しい時期で、その時期に価格を改定すると店が大混乱になる可能性があったので、翌年の1月30日に改定しました。どら焼きは150円から180円に値上げしたのですが、どら焼きに関しては全く影響が出ませんでしたね。むしろ、2月からは売上げが増えたくらいです。お客様もほとんど値段に関しては気にしていないようでした。

どら焼きに代わる商品を作らないといけないかな……と少し不安に思っていたんですが、その心配は一切なくなりました。

櫻井　中尾清月堂さんのどら焼きファンは、値上げ以上の価値を感じているんですね！

一番人気のどら焼き

いつも来てくれるお客様を大切に

櫻井　ファンといえば、中尾清月堂さんでは創業祭のようなイベントを毎年やっているんですよよね。

中尾　はい。日頃来てくださるお客様に感謝して毎年イベントを開催しています。イベント期間中に来てくださったお客様に無料でお菓子をお配りしているんです。

7～8年前までは、市内のお客様すべてに案内していて、「どんなお客様でも来てください！」という風にやっていました。

しかし、反響が凄く大きくて1日5000～6000人以上のお客様が来てくださって、お店の周りが大渋滞になってしまったんです。そりゃもう周囲の方々から苦情が殺到しました。それに、何よりいつも来てくださっていた固定のお客様から、「あんないっぱい人がいる時には絶対行きたくないわ……」というお声を頂いてしまいました。

毎日来てくださっているお客様を無視してまで、創業祭なんてやる必要はないんじゃないか、ということで翌年からは大規模なイベントは止めました。現在はお

中尾清月堂社長の中尾吉成氏

客様名簿に名前のあるお客様にだけＤＭを送り、来店していただくという1週間限定のイベントにしています。それでも6日間で1万人を超えるお客様にご来店いただいています。

日本一の美味しさを全国に

櫻井 時代がどう変わろうと、お客様にファンになってもらい、永続企業としていくことは大変ですよね。何か工夫があるんですか？

中尾 うちのこだわりは、やはり「生のものにこだわる」ことです。朝作って、その日に店頭に並べる商品が、日によっては5割ほどあります。季節のフルーツを使ったお菓子や生菓子など、作ったその日にお店で買って、その日のうちに食べてもらう。お客様に「中尾さんに行けば毎日新しいものが食べられる」と思ってもらっていることが一番の強みです。なので、毎日ご来店くださっているお客様もいらっしゃいます。

櫻井 ところで、「日本一」というキーワードが何度も出てきましたが、地元に対してはどんな思いを持っているんですか？

中尾 北陸新幹線がここ高岡にも停まるようになりましたが、終点は金沢。「今のままでは金沢にお客様を取られてしまうのではないか」という危機感が、高岡市全体に広がっています。

でも危機感だけではどうにもなりません。

では、私にできることは何か。それが、どら焼きで「日本一」なんです。お客様に「高岡市のここに来ないと食べられない！」と思ってもらえるものを作り続けることだと思います。そうして高岡に立ち寄ってもらって、「さあ、次はどこへ行こう！」という風になったら素晴らしいですよね。ただ郵送して「食べてね」というだけではなく、やはり「できたて感」を味わってほしいのです。

「こだわりで日本一に」——真似るべきポイント

- ☑ 若い層の顧客を取り込む商品を開発し、伝統を守りながらも革新し続ける。
- ☑ いくつかの商品を徹底的に強くして、それだけは値段と味で他の店に負けないようにする。
- ☑ モノづくりにおいて、人間の手でしかできない部分はどこなのかにこだわる。
- ☑ 日頃から来てくださる顧客に感謝するイベントを毎年開催する。
- ☑ 「生のもの」へのこだわりを持ち、店頭に並べる商品の何割を「生のもの」にするかを決めておく。
- ☑ 地域のためにも「この店に来ないと食べられない！」と思ってもらえるものを作り続ける。

企業データ

株式会社 丸屋本店

設立　1878（明治11）年

代表者名　本間 彊《つとむ》

事業内容　和洋菓子製造販売

所在地
●本社工場：新潟県新潟市東区津島屋6丁目85番
●本店：新潟市中央区東堀通6番町1038
●青山小針店：新潟市西区青山2－5－1
●新潟三越「童心菓匠」：新潟市中央区西堀通五番町866
●新潟伊勢丹店「童心菓匠」甘味菓房　丸屋茶寮：新潟市中央区八千代1－6－1
●新潟駅・CoCoLo本館店　●新潟駅・CoCoLo万代店
●新潟空港ターミナルビルアカシア店　●他16店舗

ホームページ　http://www.maruyahonten.com　http://www.facebook.com/maruyahonten

経営者の前に職人であれ！

櫻井　新潟駅の改札を出て一番に目に入ってくるのが、「丸屋本店」のお土産屋さんですね。本間さんは、ご自身を「職人タイプの経営者」とおっしゃいますが、どちらでお菓子づくりを学んだのですか？

本間　学んだというより、修業でしたね。大学を卒業して京都の老舗のお菓子屋へ修業に出たんです。でも叩き込まれたのは和菓子ではなく、洋菓子の世界でした。

今思い出しても、厳しかった。毎日卵を割って、砂糖袋を担いで、スポンジを作って……と。

でも師匠が良かったんです。「お菓子はこうあるべき」という考え方を学ぶことができました。「美味しくなければお菓子ではない」。単純なことですが、とても奥深いことなんです。学んだことも経営の仕方とかではなく、お菓子屋として「どうあるべきか」でした。

このことが本当に役立ちました。

「経営者である前に、職人だ」と徹底的に叩き込まれたことを本当に感謝しています。彼

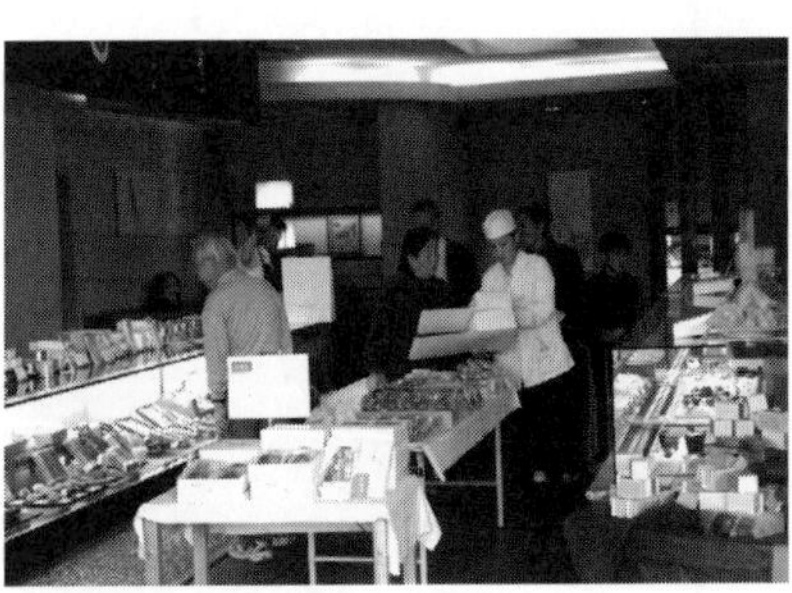

現在の丸屋本店の店内

らとは今でも親交があります。

老舗は誰よりも革新するもの

櫻井 新潟には何歳の時に戻られたのですか？

本間 27歳で戻ってきました。でも新潟には老舗の大きなお菓子屋さんがたくさんあったんです。本当に戦意喪失状態でした。

でも「とにかく動かなきゃ」と試行錯誤を重ね、周囲から頭を叩かれるような思いもしました。それで10年ほど経って最後に思い至ったのが、自分自身のことだったんです。ふと周囲を見てみると、みんな東京に憧れて東京の真似をしているんです。真似をしているけど本物の東京ではない。それで売れれば良いが、売れるわけでもない。このままみんなと同じように東京の真似をしていくべきかと迷いまし

当時を振り返る、丸屋本店社長の本間彊氏

た。でも、「自分は自分が生まれたこの新潟の地を愛している。新潟で生まれて、新潟で死んでいくんだ」と思ったんです。

そこで、「そうだ、奇をてらったものを作るより、新潟ならではのものを作ろう！」と閃きました。

櫻井 具体的にはどう仕掛けたんですか？

本間 私が37歳の時に、東京の銀座にある百貨店から出店オファーをいただいたんです。迷いましたが、「よし、東京という土俵を借りて、新潟らしいお菓子で勝負してみよう」と出店しました。

新潟らしいものと言っても、田舎臭いものでは駄目です。田舎で作るものだが田舎臭くならないようにと、そこでもまた試行錯誤の連続でした。

地元の素材を活かし新潟の魅力を発信する

櫻井 新潟の素材を活かしたお菓子とは具体的にどのようなものなのですか？

本間 最初に手掛けたのは枝豆です。新潟県は、枝豆の消費量が日本一なんです。枝豆の時期の6月から10月上旬まで、半年間にわたって40種類以上の品種が切れ目なく旬を迎え、色々な味わいを楽しむことができます。ですので、新潟の人にとって枝豆なんて別に珍しいものではないのですが、東京の人は「美味しい！」って言うんです。自分たちでは分からなかった魅力を教えてもらいました。

「えだまめ餅」や「枝豆あんころ」など、試行錯誤を重ねて世に出したら受け入れていただけました。それ以来30年以上のロングセラーです。

えだまめ餅

枝豆あんころ

櫻井 他にどのような素材を活かしたんですか？

本間 洋ナシの「ル・レクチェ」です。直接契約している農園が、加茂市山嶋地区にあります。山嶋地区は、粟ヶ岳を水源とする加茂川が市街地を縦貫して信濃川に注いでいます。この豊かな水脈が、最高級と称される「ル・レクチェ」の栽培に適した土壌を作り、この地区で採れたものは香りが高く、とろけるような食感と優雅な甘さが際立っているのが特徴です。この「ル・レクチェ」をフランス風のジュレとしてお菓子にしました。

新潟には、他にも幻のバターやおいしい栗など、料亭やお菓子屋さんだけが知っている地元の食材がたくさんあります。以前まで契約農家などは企業秘密でしたが、むしろ出していくべきだと気づいたんです。現在は、農家の人たちと一緒に作るお菓子「ファーマーズ・スイーツ」として、農家の皆さんや、作る工程を物語風のパンフレットにしています。これらの魅力と共にお菓子づくりを伝える。私が残していく遺産はこれだと思います。

「心で作る手の仕事」は変えずに

櫻井 本間さんで四代目とのことですが、次へのバトンの受け渡しはどのようにお考えですか？

本間 四代目には四代目としての役割があると思います。五代目にバトンを渡す時に他の走者に

ル・レクチェ

入稿前のパンフレットの原稿

抜かれないようにするのが大事な役割かと。

櫻井 後継者には何を変えて、何を変えないでほしいですか？

本間 変えてほしくないのは、今の「丸屋本店」の品質へのこだわりですね。例えば、機械化はやらないということです。オートメーションではお菓子は作れないと思っています。そういうことは大手のお菓子屋さんにお任せしておけばよいのです。

あくまでも手で丁寧な仕事をすることにこだわり続けてほしい。「お菓子づくりは心で作る手の仕事」というポリシーを承継していってほしいですね。これは大手に対する自分たちのアンチテーゼ（ある主張を否定するために出される反対の主張の意）でもありますので。

それ以外はどんどん変えてもらいたい。特に人材育成と販路の拡大については、大いに変えてくれると期待しています。

お店はお菓子を売る場ではなく、人が集まる場にしたい！

櫻井 お店作りへのこだわりを教えてください。

本間 永続的にお客様とお付き合いしていくためには、お菓子づくりの技術を教え、素材を知ってもらい、お菓子を好きになってもらうことが大事です。お菓子を好きになった人が自然にお店に集うことが大事なのです。例えば、親子お菓子教室などを通じて、親子の絆が生まれる。体験を通じて感動が広がる。お店自体がそんな場になればよいと思っています。

櫻井　確かに「ケーキ屋さんになりたい」という子はいても、「和菓子屋さんになりたい」という子はなかなかいませんね。将来の顧客になるお客様に、小さい頃から和菓子に触れてもらうことで身近なものにしてもらうことは大事ですね。

本間　真のコミュニケーションが取れるのは「人」です。ネットや流通がどんなに発展しても、人が間に介在して物語や感動を伝えていくことは今まで以上に重要になっていくと思います。その基盤創りを後継者と一緒にしている最中です。いつの時代もその時代にいかに対応していくかだと思います。一言で言えば「温故知新」ですかね。伝統の上に新しい要素を加えていくことが大事なのです。

「地元愛を商品に」――真似るべきポイント

- 周囲から頭を叩かれるような思いをするくらい、試行錯誤を重ね、動き続ける。
- 外に出ていくことで、自分たちでは分からない地元の魅力を教えてもらう。
- 大手に対する自分たちのアンチテーゼが何かを明確にし、次世代に引き継ぐ。
- 顧客に商品を知ってもらい、好きになってもらうために、体験イベントなどを企画する。
- 人が間に介在して物語や感動を伝えていくことは、今まで以上に重要であることを肝に銘ずる。
- いつの時代も「温故知新」で、伝統の上に新しい要素を加えていくことを次世代と一緒に考える。

2つの会社の経営者との対話を通して、永続企業の条件が見えてきた。

まずは、「この地に生まれて良かった」と地元を愛する心。次に、地元ならではの素材を活かして「誰にも真似できないもの」を創ること。そして「経営者である前にその道の職人である」こと。

立教大学名誉教授の山口義行先生は「伝統とは革新の連続である」と説いている。これは、二人の経営者の「老舗は、老舗と思わず、誰よりも革新しないといけない」という考えにも通じる。

スーパーの鮮魚コーナーでは「切り身」を売る。商店街の昔ながらの魚屋さんは、今日の献立や魚の料理の仕方を提案し、食べ方と共に魚の魅力を売る。

どちらが永続的なファンが集まるお店なのか？　答えはどちらでもなく、双方の良さをかけ合わせていけるお店である。それを難しいとあきらめた瞬間に後退が始まる。この難しいことに立ち向かい続けることこそが「革新の連続」なのである。

自社ブランドへの挑戦

丸和繊維工業株式会社

東京の下町、墨田区は古くからニットの産地として全国的に有名です。しかし、平成4（1992）年には東京に1000社近くあった組合加盟企業が、現在は220社を下回るほどになってしまいました。そして国内で販売されている純日本製のニットはわずか3％ほどにまで減退しているといわれています。

そこに「待った」をかけたのが、東京都墨田区の丸和繊維工業。平成22（2010）年4月5日、スペースシャトル「ディスカバリー」に搭乗した宇宙飛行士といえば、山崎直子氏。その山崎氏が宇宙船の船内普段着に着用したポロシャツを製作したのが、この丸和繊維工業なのです。

このポロシャツは、洗濯を必要としない抗菌性はもちろん、特に「動体裁断」という特殊な型紙（パターン）の技術を活かした点が最大の特徴。両手を上げても肩回りが引きつらないし、裾が上がらないからお腹も出ないなど、無重力状態で動いても活動に支障をきたすことがないように作られているのです。

この技術とコンセプトを定番のドレスシャツに活かした独自の自社ブランドの立ち上げに成功。直営店や数々の百貨店で販売することを通じ、「作り手」と最前線の「売り手」が共に誇りを持てる相乗効果をも生み出したのです。

■企業データ

丸和繊維工業 株式会社

創　業　1958（昭和33）年2月
設　立　1956（昭和31）年3月
代表者名　深澤《ふかさわ》 隆夫
事業内容　ニット製品の製造販売（紳士、婦人、スポーツウェア及び、カジュアルウェア）
所在地　●本社住所：東京都墨田区亀沢1丁目8番6号
●青森工場：青森県青森市大字三内字稲元85－4
●白河工場：福島県白河市大信隈戸字上台3
ホームページ　●会社HP　http://www.maruwa-tex-ind.co.jp/
●自社ブランド「INDUSTYLE TOKYO」公式オンラインショップ
http://www.itohari.jp/

国内品のシェアがわずか3%というニット製造市場を切り開く

深澤　日本国内に供給されているニット製品のうち、国産品の占める割合はわずか3%ほどです。

櫻井　えっ、わずか3%ですか。

深澤　ご存じの通り、昭和60（1985）年のG5によるプラザ合意以降、一気に円高が進んでしまい、国内の製造業が海外生産に切り替えざるを得ない状況になりました。特に90年代から中国などでの工業品の生産が伸び、国内の製造業は骨抜き同然になってしまったんです。

櫻井　その後も製造業の海外流出が加速し、気づいたらニット品の国内生産がわずか3%になってしまっていたとは。このままではニット製品だけでなく、日本のモノづくりそのものが駄目になってしまいますね。

深澤　そうなんです。墨田区は古くからニットの産地として全国的にも有名で、セーターやカットソーのメーカーが多かったのです。東京の組合員数は、平成4（1992）年には1000社近くありましたが、現在では214社になってしまいました。

櫻井　どのように現在の事業領域を築いてきたのでしょうか？

深澤　昭和31（1956）年に私の父が創業し、その後叔父にバトンを渡し、私で三代目になります。
もともとは肌着生産のOEM（Original Equipment Manufacturer の略。販売ルートを持っていない製造業が、販売網を持っている企業に対して製品を供給すること）からスタートして、アウターへと分野を広げていきました。

大手取引先が破たん！より戦略性のある経営への転換

深澤 私は大学卒業後、商社の丸紅に入社しました。繊維部門に配属されて、大阪、サウジアラビア、そして東京に勤務し、8年在籍しました。その後、当社に入ったのが平成3（1991）年で、社長になったのは10年後の40歳の時です。

櫻井 現在の市場を創りだしていく独自の発想や行動力も、商社時代のご経験とネットワークがあるからですね。

深澤 当社はこれまでも生産工場のスクラップ＆ビルドを繰り返

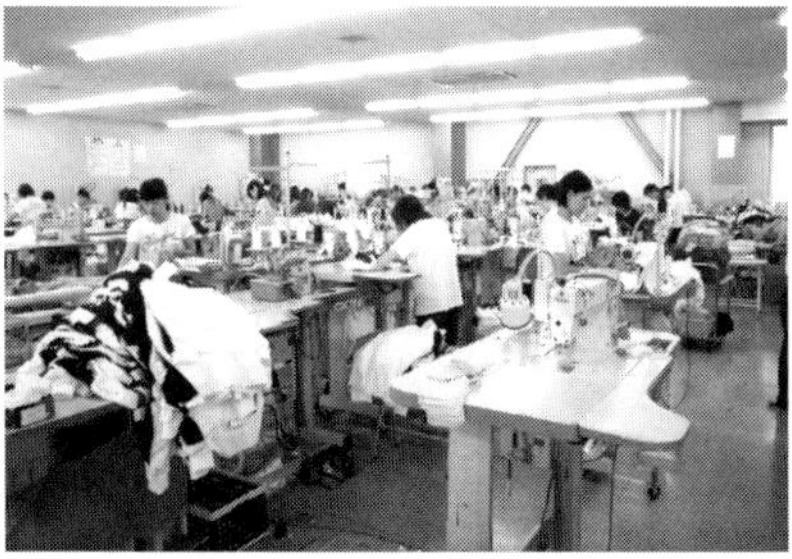
青森にある丸和繊維の縫製工場内

し、ＯＥＭメーカーとしての基盤を強化してきましたが、一方で、取り組んできた自らの市場開拓を加速度的に進めないとマズイと思ったのは、ある出来事がきっかけなのです。

櫻井　なんですか？　それは。

深澤　得意先の破たんです。明治16（１８８３）年創業の老舗で、当社の創業時からの得意先であった小杉産業が平成21（２００９）年2月に自己破産したのです。

櫻井　小杉産業と言えば「ジャック・ニクラウスのゴールデンベア」でお馴染みでした。当時、リーマンショック後でもあり、大変な時でしたね。

深澤　それまで一度の赤字も1円の貸し倒れもなかったのが父の誇りだったのですが、この影響もあり、一気に親不孝をしてしまったわけです。

また、自分が丸和繊維工業に入社した頃と比較すると、受注ロットが3分の1以下になった上、出荷価格は下がっていく一方でした。

「このままでは〝良いもの〟を作りたくても作れない状態になる」「もっと戦略的に動か

丸和繊維工業の深澤隆夫氏

ねば！」という思いは一層強くなりました。

業界構造の問題点からビジョンを策定

櫻井 実際にはどのように戦略を展開していったのですか？

深澤 まずは、業界構造の問題点から考えました。

それは、モノづくりを支えている工場のオペレーター、そして商品に込められている想いを消費者にお伝えする販売員さんの地位が相対的に低すぎるということです。技術を駆使した製品を適正な価格で販売する流れをつくらないと、技術も停滞するし、社員達を幸せにできないという想いが日に日に強くなっていきました。消費者の声を作り手までが共有し、さらに良いものをお届けしようと努力していく、当たり前の流れにより高付加価値化を進めていくことが本来目指すべき姿だと気づいたんです。いわば下請け的ＯＥＭからの「質的脱皮」ですね。

足りないものは同業各社と連携し、補う

櫻井 そうなると1社で変革していくのには限界がありますね。

深澤 そうですね。墨田区には国際ファッションセンターという第3セクターがあります。そこで平成18（2006）年の夏、「製造業も下請け体質から脱却し、自主自立したメーカーを目指せ」という経営者講座が開かれました。その受講企業のうち有志8社が集まり、座学だけではなく、ぜひ実践に移そうと、「factory-e」というグループを立ち上げ、その初代委員長に就任しました。それから各社が自社ブランドを掲げ、オリジナル商品を開発し、Act21という合同展示会を毎年開くようになりました。

櫻井 それまで自社ブランドを持たなかった下請けの会社が自社ブランドを持つとなると、業界からの圧力などはなかったのでしょうか?

深澤 確かに、お客様（アパレルメーカー）のお客様（エンドユーザー）に販売することにもつながるので、難しい問題もあります。しかし、自分たちが直接売れるだけの企画力を持つこと、モノづくりの技術力を磨くことは、アパレルさんにとってもプラスになるはず。企画力や技術力を備えたメーカーと取り組んでいけるのは良いことのはずだし、そういう価値を見いだしてもらおうと、自分たちの考え方を切り替えました。

挑戦しながらも、ビジョンに向かって軌道修正

櫻井　そこから一気に上手く進んだのでしょうか？

深澤　いえいえ、そうは上手くいきません。アパレルさんとうちのようなＯＥＭ会社の一番の違い、それは、求められるものは作れるが、何を作れば売れるのかが分からないということ。「何か特徴を出さなければいけない」「何か新しいものを生み出さなければいけない」。そのために、外部のデザイナーさんとも組みました。でも、あることに気づいたんです。

櫻井　それはなんですか？

深澤　外部のデザイナーさんと組んで新しいものを生み出しても、結局、そのデザイナーさんのＯＥＭになってしまっているということです。
なので、自分たちの本来目指したい「想い」をもっと投入していこうと軌道修正しました。まずはマーケティングに長けた人材のヘッドハント。さらに自社の強みを再度棚卸しするところから始めました。
そして当社にとっての「良いもの」とは、「見た目が素敵」「品質が良い」ということだけ

ではなく、圧倒的な技術力によって提供できる「着心地の良さ」だと定義したのです。パターンや縫製の技術を大幅にグレードアップした匠の技と、ファッション性とのマッチングを目指したわけです。

たとえ夢物語でも、発信し続ける

深澤　このように目標を明確にし、技術を磨き続けていくうちに、「いずれは自社製品を世界市場に、いや、宇宙に飛ばしたいね！」などという会話が社内で出始め、いつしか共通言語になっていきました。そうこうしていると、知り合いの方から「新聞に山崎直子宇宙飛行士の、宇宙船内普段着の公募記事が出ているよ！」って。

新聞を確認すると、確かにその記事が出ていました。しかし、サンプル受付の締め切りが目前に迫っていたのです。「よし、チャレンジしよう！」と決めましたが、そこからが大変でした。

宇宙船内では水が使えないため、抗菌性があることというのが条件です。これには、産官学連携で青森市及び弘前大学と当社グループで、藍《あい》の抗菌作用を研究していたため、これを使うことにしました。

櫻井　素晴らしいじゃないですか。でもそれだけでは、採用されそうにないですね。

深澤　はい。そこで「宇宙飛行士は何に困っているだろう」と考えたんです。無重力状態での活動ですから、着心地が良く、作業時につれたりせずに負荷のかからないものが良いだろう。さらにもう一つ、女性ですので、いつの間にかシャツがズリ上がっていたりしないものでないと、と考えました。

そこでお力を頂いたのが、同じ墨田区在住で、「動体裁断®」を研究している機能系被服デザイナーの中澤《なかざわ》愈《すすむ》先生です。先生が研究しているのが、人間の皮膚の動きなのです。「最も優れた衣服は、人間の皮膚だ」という考え方から、人体解剖で皮膚の動きを分析してできた動体裁断という技術を確立しています。

これは文字通り、「体の動きに合わせて作られている型紙」を使用しているので、腕を上げてもパンツからシャツが出てこないなどのメリットがあるのです。「よし、この技術を活かし、藍のジャパンブルーで染めよう！」

これが山崎直子宇宙飛行士が着用した宇宙船内着！

ということで製品を作製し、滑り込みで筑波にあるＪＡＸＡ（宇宙航空研究開発機構）に持ち込みました。

櫻井 素晴らしい！　結果はどうでした？

深澤 嬉しいことに採用されました。後日、スペースシャトル「ディスカバリー」の打ち上げに招待され、当社の営業本部長（現常務）がケネディ宇宙センターに行きましたが、感動で涙したそうです。

夢物語のようでも「有言実行」で自ら発信し続けていると、周りが色々教えてくれたり、助けてくれたりするものなんだと実感しましたね。

自己満足で終わらせない

深澤 これは大きな成果だったのですが、喜びと同時に自己満足で終わってしまっては駄目だと思いました。そこで、「この技術で自社ブランドを確立しよう！」と、社内にプロジェクトチームを作りました。

インダスタイルというブランドをリブランディングし、当社の得意先とあまりぶつからないゾーンということでドレスシャツの展開を決め、まずは、ファッションの感度が一番高

丸和のインダスタイルシャツ。ビジネスにもカジュアルにも大活躍

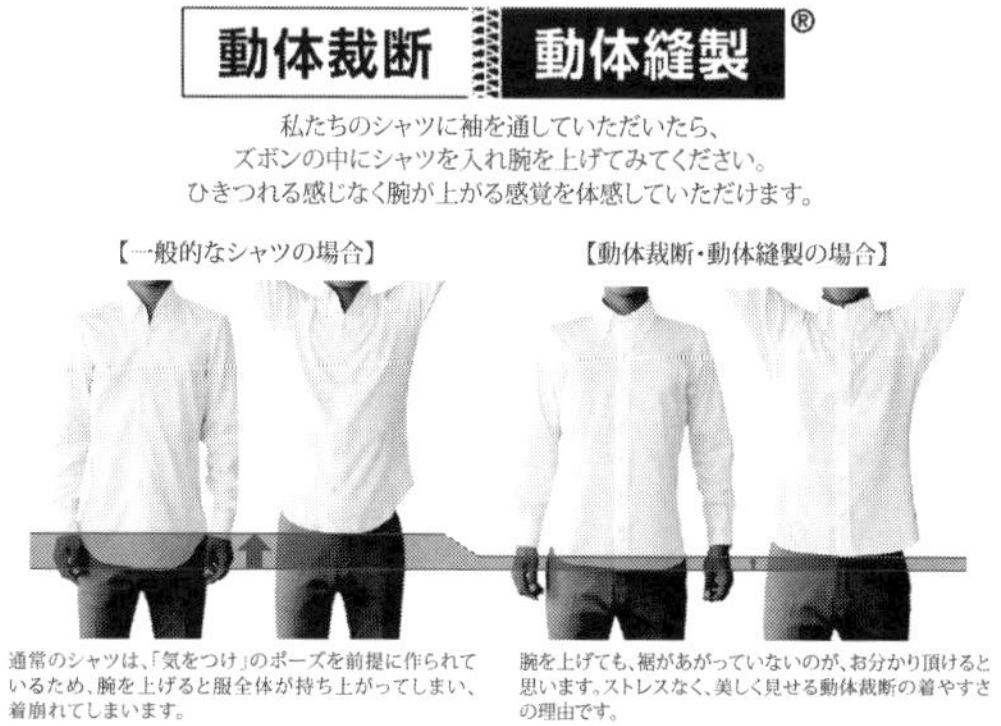

「動体裁断＋動体縫製®」により裾が上がらず、着心地が驚くほど良い

いところに持ち込もうと決めました。そこで選んだのが伊勢丹メンズ館です。バイヤーに試着していただき、着心地を体感してもらいました。

櫻井　採用されたんですか？

深澤　はい、伊勢丹を皮切りに、高島屋、大丸松坂屋、そごう西武など各百貨店さんに取り扱っていただきました。また自社ブランドを立ち上げたことによる相乗効果として、作り場と売り場の良い連携が実現しだしたのです。

櫻井　と、言いますと？

深澤　社員が売り場に出ると、お客様や百貨店さんの販売員さんから嬉しい評価の声を頂いて帰ってくるんです。それをみんなで共有し、さらに喜んでいただける商品を作り出そうという意識が高まる、これこそ一番実現したかったことなのです。
「インテル入ってる」っていうコマーシャルがありますよね。ものは直接見えないけど、安心のしるしになっている。私たちが目指しているのはそれなんです。
お客様が洋服を選ぶ際にタグを確認して、「ああこの洋服は丸和繊維工業製なんだ。だったら良いもんだよね」と言ってもらえる。そういう方向を目指して会社をブランディングしていきたいと思っています。

「下請け」が悪いのではない。悪いのは、社内が「下請け気質」になること――深澤氏の言葉は、すべての業種にあてはまるのではないだろうか。

「言われたように作ればよい」「安く作れば喜ばれる」「上手くいかないのは会社のせい」。大手の下請けという受注形態は悪いことではないが、自社開発せずに下請けばかりを続けていくと、社内がこんな後ろ向き体質になってしまう。

深澤氏が自社ブランド創りにどこまでもこだわるのは、この下請け気質を社内からなくし、挑戦的で主体的な社風の会社に変革したかったからである。

変革する際に自社に足りないものは、他社と連携して補っていけばよい。しかし、連携する個々が凡庸だと組んでも意味のないものになってしまう。互いにどれだけ個性的な特徴を持ち続けられるかが、連携のカギになってくる。

自社ブランド――それは他社と比べて自社がいかに個性的と感じられるかがカギになると言える。

「自社ブランドへの挑戦」――真似るべきポイント

☑ まずは、自社の存在する業界構造のあるべき姿をイメージし、問題点をあぶりだす。

☑ 問題解決するために同業他社と連携し、座学でなく実践を継続する。

☑ 連携する相手は、自社にない個性を持つ会社や人を選ぶ。

☑ 下請けの自分たちが直接売る企画力と技術力を磨くことは、業界全体のためになると大手の発注元を説得する。

☑ ブランディングの本質は、見た目の良さや品質の良さではなく、五感に訴える領域にあると定義する。

☑ どこで売りたい、どこと組みたい、誰と知り合いになりたいなど夢物語でも発信し続ける。

☑ 具体的な目標を定め、社内にプロジェクトチームを立ち上げる。

☑ 関わる社員が何に感動してほしいかをイメージしてプロジェクトを進める。

第三部

新たなアイデアの創出で変革できる企業へ

経営革新への挑戦

株式会社

三楽園

皆さんは、「ビオファンゴ・セラピー」というものをご存じでしょうか。

「ファンゴ」とはイタリア語で、「温泉泥」を意味します。温泉泥はカルシウムやマグネシウムなど粘土鉱物を豊富に含んでおり、この温泉泥を体に塗ることで温泉効果を得られるのが、「ビオファンゴ・セラピー」。イタリアでは3000年前から使われ、保険適用もされている「医療行為」なのです。

その温泉泥を作るには、源泉を約3週間掛け流し、温泉中にある体に有益なバクテリアを増殖させて濃縮します。入浴で温泉効果を得るには、同じ温泉に3週間程度入浴しなければならないとされていますが、「ファンゴ」は温泉成分を濃縮してあるので、短期間で効果を得ることが期待できます。

高い保温効果だけではなく、疲れを癒やしたり、体の凝りをとったりすることができる湯治プログラムとして注目されています。

自社の温泉を有効利用し、この「ビオファンゴ・セラピー」を平成22（2010）年1月にスタートさせたのが、富山県砺波市庄川温泉郷にある三楽園です。

新規事業への進出に二の足を踏む経営者が多い中、あえて乗り出し成功させた秘訣と背景には、ある人物の一言があったのです。

「偶然は準備した者にのみ訪れる」——そんな言葉が思い出されるストーリーです。

■企業データ

株式会社　三楽園

設　立	1959（昭和34）年
代表者名	坂井 彦就
事業内容	旅館事業（鳥越の宿 三楽園）、エステティック事業（エステサロン「ガーデン」）、FC経営
所在地	富山県砺波市庄川町金屋839
ホームページ	http://www.sanrakuen.com

既存の価値と先取りの動きをかけ合わせる

櫻井 そもそも三楽園さんは、どのような旅館だったんですか。

坂井 もともと当館は、大正13（1924）年創業の三楽園を昭和34（1959）年に買収して設立されたものです。「鳥越の湯」として有名な温泉を持っていたので、庄川《しょうがわ》温泉郷の中心的な旅館として展開し、好景気の頃は賑わいました。

しかし、不景気が長期化してくると、温泉だけではお客様を呼ぶことはできなくなりました。それで平成8（1996）年にエステ事業を開始したんです。

櫻井 随分早い時期からだったのですね。

坂井 はい、当時の旅館内のエステサロンとしては、先駆け的な存在でした。

櫻井 それも中途半端な施設ではなく、かなり本格的なエステサロンですよね。

坂井 ありがとうございます。サロンの総面積は100坪で、ジェットバス付きの個室型施術ルームが4部屋、ベッドが4台並ぶフェイシャルルーム、リラクゼーションラウンジ、パウ

鳥越の宿 三楽園 社長　坂井彦就氏

ダールーム、オープンテラスなどの充実した設備を整えており、北陸エリア最大級です。また、国際共通基準のシデスコ認定エステティシャンがおり、オールハンドマッサージの本格的なものという点も特徴的です。

しかし、オープン当時はエステが余暇の過ごし方として定着していたわけではなかったので、かなりの営業努力を重ねた賜物と言えます。結果的には日帰りプランなども含めて、温泉とエステを目的に選んでくださるお客様が増え、売上額の10％を占めるまでに成長することができました。

櫻井 先取りの動きと、持続力がそのような結果を生んだのですね。しかし、徐々に他の旅館さんでもエステサロンを開設していくケースが増えてきたのではないでしょうか。「エステのある温泉旅館」というだけで差別化要因になるのですか？

坂井 うちの保有している価値は、「良質の温泉」です。この「良質の温泉」を使った「何か」で、さらなる差別化を模索しました。その最中の平成20（２００８）年9月に、北

露天風呂付きの客室

陸先端科学技術大学院大学で内閣府主催「地域再生システム論」の開講シンポジウムに参加したのです。温泉やバイオマス、伝統工芸などを利用して地域を活性化するという話があるのを、その時に知りました。

その地域再生システム論の非常勤講師をしていたのが、工学博士で株式会社アセンダント社長の大和田瑞乃《おおわだみずの》さんでした。この方が日本におけるファンゴの第一人者だったんです。さらに、うちの専務（義姉）が友達だったということもあり、ある種のご縁を感じました。

櫻井 そこでファンゴに出合って、ピピッと電流が走ったのですか。

坂井 いえ、最初はそこまでじゃなかったんです。説明されても、「ふーん、なんか良さそうだけど、どうしようかな」って感じでした（笑）。直感的に「これは良いものだ」ということは分かったんですが、進め方がイメージできなかったんです。

櫻井 詳しく教えていただけますか。

坂井 実は、その時は、自社の「三楽園」ではなく、地域の「庄川温泉郷」として取り組めたら良いのかな、と思っていたのです。ファンゴ・セラピーは、イタリアでは３００年の歴史があり、保険適用になって医療の世界でも使われていると聞いて、「これは凄い。地域で取り組むべきだ！」と思ったんです。しかし、最初から地域の皆に合意をとっていると時間がかかるのも事実です。

櫻井　それで、まずは単独でやろうと。

坂井　結果的にそうなりました。当館には温泉が2つあるんです。1つは庄川泉源《せんげん》という法人のもので、当館も出資して掘った温泉です。もう1つは、当館単独で掘った温泉です。法人の温泉でやるとなると出資者全員の合意が必要ですが、それは難しい。そこで、もう1つの自社の温泉でやることにしたのです。

早速、微粒分析という細かい温泉の分析を行って、ファンゴ・セラピーに適している温泉かどうかを調べようということになりました。

櫻井　ファンゴ・セラピーは、「温泉ならなんでもいい」というわけではないんですね。

坂井　そうなんです。酸が強いとやりにくいなど、どうしても合わない温泉もある。調査結果が出るまではドキドキでしたが、無事ＯＫが出て安心しました。

リーマンショックを跳ね飛ばす気概と経済動向を読む力

坂井　しかし、ＯＫは出たものの、二の足を踏みました。平成20（２００８）年9月、ちょうどリーマンショックが起きた時でしたから。富山での経営者勉強会では、「100年に一度の経済変革が起きる」と、かなり前から聞いていました。

櫻井 その勉強会って、「未来来《ミラクル》TOYAMA」ですか。15年ほど前に立教大学の山口義行教授（現名誉教授）の中小企業家同友会での講演を聞いた有志の方々により発足した、山口教授を囲む経営者勉強会ですね。

坂井 そうです。「これは、備えなくてはいけないぞ」と以前から思っていました。でも、地方のことですから、じわじわと遅れて影響が来るわけです。リーマンショックが起きた直後は、「そんな影響なんて来ないんじゃないだろうか」なんて思っていました。ですので、新規事業に踏み込むべきか、様子を見るべきか、迷っていたんです。

櫻井 でも、結果的に踏み込もうと判断された。それは、なぜですか。

坂井 実は、その年の暮れ、勉強会にいらっしゃった山口教授ご夫妻が、嬉しいことに当館でご宿泊されたのです。

そこで、空港からの送迎車の中で、「こういう事業があるんですが、どうでしょうね」と

三楽園の客室からの眺め

相談しました。すると、「凄いじゃない。やりなさいよ」って、ポンと背中を押しくださったんです。たまたま同じ日に、大和田瑞乃さんもファンゴの調査で当館にお越しになっていたので、教授にご紹介させていただきました。

櫻井 これまた、運命的な感じがします。

坂井 それで「よし、やろう!」と決めて、それから3カ月後には、ファンゴのプラントを作って実験を開始しました。

新規事業を立ち上げるヒントは、自社にある!

坂井 現在、ファンゴルームとしている場所は、以前は大浴場だった施設です。昔は大浴場が2カ所あったのですが、そのうちの1つをつぶして、ファンゴを精製する温泉のプールにしたんです。

日本では3万本以上の温泉の源泉があり、そのうちの10分の1である3000カ所が温泉地といわれる所です。ただ、

これが温泉に浸かる「庄川・ビオファンゴ」

どこの温泉もやっているのは「お風呂に入る」ということだけ。それだけをやっていたのでは、いつか淘汰《とうた》されてしまいます。ヨーロッパの中でも、特にイタリアなどでは、ファンゴをやっていたり、インハレーションといって吸入したり、色々な使い方で温泉を活用しています。医学的効能が証明されていて保険適用になっているんです。

櫻井 自社にある温泉という資産価値を活かしながら、他の価値も高めるにはどうしたらよいかを模索し続けているんですね。その意志の強さがあれば、施設を1つつぶす覚悟はすぐにでもできると。

坂井 そうなんです。他にもエステでファンゴをやっている所はあったんですが、輸入したファンゴを使用しており値段も凄く高い。しかし、うちには、「良質の温泉」がそれこそ溢れるほどある。新鮮なファンゴが精製できる素地ができているってことです。これは世の中のためになるな、と。初期投資の痛みはありましたが、それ以上の必要性と意義を感じました。

先駆者が、他の追随を許さぬ技術革新を生む

櫻井 そういった新たなる価値創造のためには、研究開発や、他のブレーンとの連携も大事ですよね。

坂井 弊社のファンゴプロジェクトの責任者である松田桂子が、定期的にファンゴの本場イタリアに視察に行っています。この視察をきっかけに、イタリアの大学と組むことになったんです。その大学とは、ガリレオ・ガリレイも教壇に立ったというパドヴァ大学。この大学

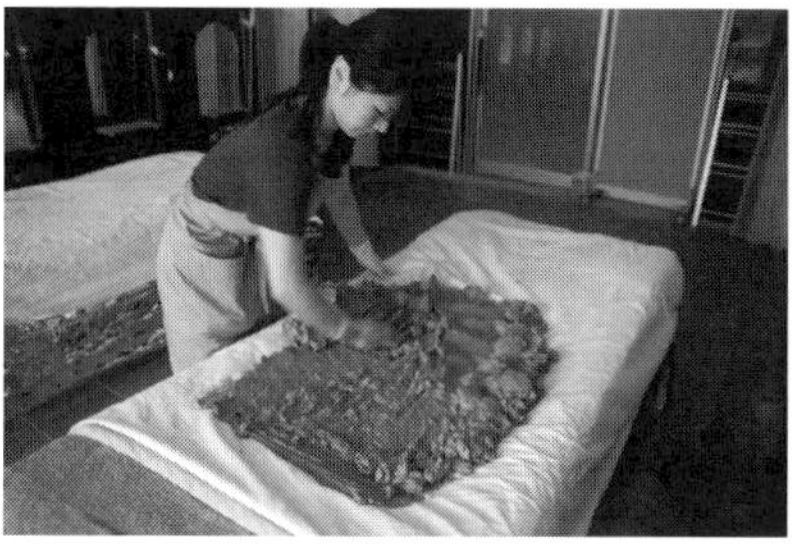

1人当たり8キロ ものファンゴを使う

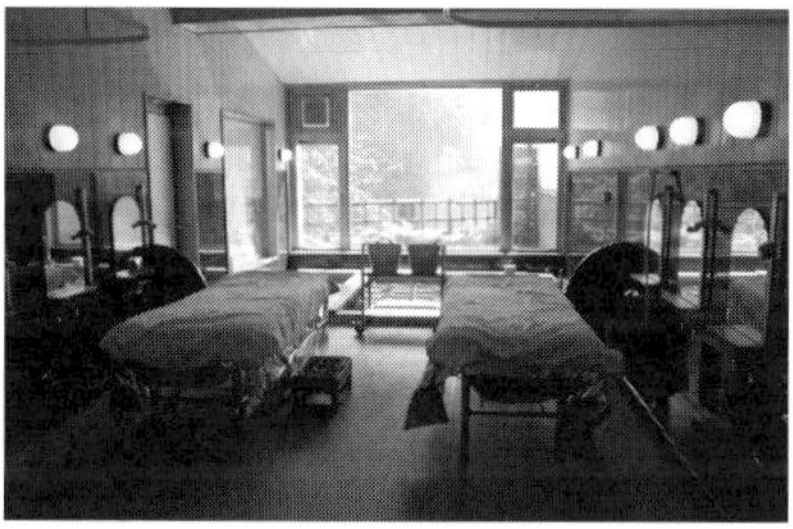

大浴場がファンゴルームに生まれ変わった

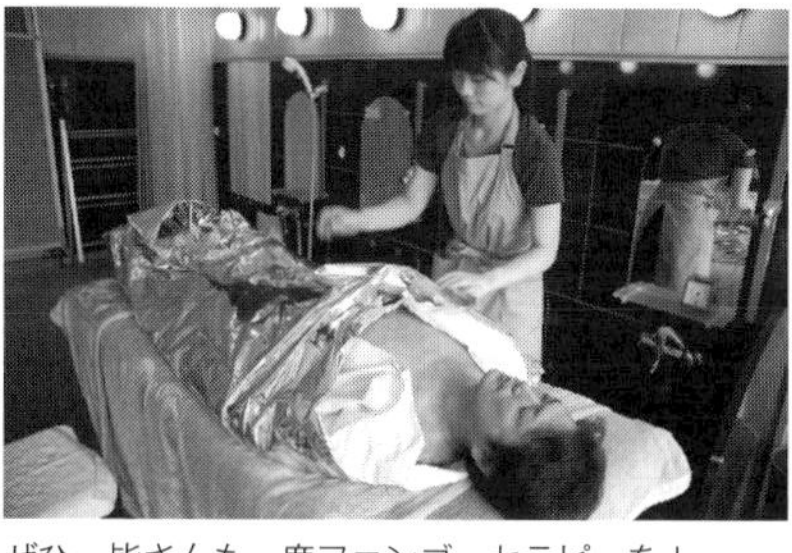

ぜひ、皆さんも一度ファンゴ・セラピーを！

と組んで、国からの補助金を活用して臨床試験をやるのです。

櫻井 いわゆる、エビデンス（数値的に事実根拠を立証すること）の取得です。

坂井 凄いですね。ファンゴ・セラピーの効能を数値で証明するのですね。

ええ。体にファンゴを塗る前と塗った後で、唾液《だえき》や血液の状態の変化を見て、効果があるのかを調べていくのです。

パドヴァ大学は、最初は相手にしてくれませんでした。「どうせ中途半端な気持ちだろう」と怪しんでいたんだと思います。でも、こちらの真剣な気持ちが相手に通じ、かなり良い信頼関係ができて、組むことが決まりました。

10日間も滞在されて当館のファンゴを調べ、「イタリアのファンゴと同等のものです」というお墨付き、いわゆる認証の取得を進めています。イタリアではファンゴは医療に使われているので、「効きます」と言えますが、日本の場合は薬事法があるので、「効く」とは言えません。しかし、ちゃんとしたエビデンスデータや認証があれば、より効果的に証明できます。

櫻井 そこまで証明や認証にこだわるのは、なぜなんですか。

坂井 ファンゴ・セラピーをうちだけのものにしたくないからです。日本の温泉地の何カ所かで、できてくれればよいと思っています。これは大和田さんとも話を進めていることです。

日本全国の温泉地ごとに、温泉の成分がみんな違ってそれぞれ特徴がありますよね。うちなら婦人科系に良いとか、皮膚に良いとか。他の所は骨に良いとか、神経痛に良いとかありますよね。そういう所と連携して、お客様に「ファンゴ・セラピー巡り」をしてもらうというのも面白いなと考えています。

櫻井 ファンゴ・セラピーをしている温泉同士で敵対せず、むしろ連携しようということですね。壮大なスケールです。最初に「庄川・ビオファンゴ・セラピー」をやろうと思った時は、そこまで広がるとは思っていなかったのではないですか。

坂井 ええ。これまでは「美容」をキーワードに女性の満足度を高めることを中心にしてきましたが、これからは、新たに「健康増進」もテーマにしたいと思っているのです。これにより、男性のお客様も含めた幅広い潜在ニーズを掘り起こすことができると考えています。

櫻井 なるほど。一方、日本の大学とのコラボは進んでいるのですか。

坂井 まさに富山大学医学部の臨床専門の教授と組んで、エビデンスの取得をやろうとしています。さらに、東邦大学医学部・北陸先端科学技術大学院大学と組んで、ファンゴに微生物を入れることを考えています。微生物の出す代謝産物は、身体に良いんですよ。また、介護施設からリハビリで使いたいとか、温泉病院などからファンゴを作りたいという打診もきています。今後は、精製や施術の「技術を教える」ということでも連携していきたいと思っています。

新規事業が、地域経済との相乗効果を生む

櫻井 ファンゴ効果が他にも波及していることはありますか。

坂井 地域資源（温泉）を使った新規事業ということで、経済産業省から「地域産業資源活用事業計画」という認定を受けました。観光案件としては、富山県での認定第1号なんですが、補助金が最大３０００万円まで出て、５年計画です。

これを使って地域の観光資源全体を巻き込み、ファンゴ湯治だけではなく、以前からある庄川遊覧船、水記念公園の遊歩道や足湯などの庄川の親水観光とを1つにして、「癒やしツーリズム」としたいのです。

温泉とファンゴやエステがあるだけじゃ駄目です。地域の観光資源や、特徴のある飲食店を育てることが大事なんです。毎日旅館の料理も良いけれど、たまには外で蕎麦を食べたり、おいしい鮎料理を食べたりしていただく。そういうことを自分一人がやるんじゃなくて、地域の人と一緒にやれないかと、地域の代表者と「地域を活性化する委員会」を設立

して協議を開始しています。

櫻井　「まずは自社で」と始めた新規事業が、結果的に地域全体に還元されていくことになりそうですね。

坂井　波及効果って大きいじゃないですか、我々の商売は。お客様がたくさん入れば、お茶やコーヒー、野菜からクリーニングまで、お取引の業者様も潤っていくんです。そういう方々にも参加してもらって、一緒にやっていきたいと思っています。旅館組合や飲食組合などの枠も取っ払って、魚屋さんやクリーニング屋さんなどにも入ってもらえばいいんじゃないかと思っているんです。

社員満足委員会の「女性活用」への取り組みが県知事表彰

坂井氏の話の背景に感じたもの――それは日頃から、経済動向を「読む力」の重要性である。「新規事業をやろう」と腰を上げたのでは遅いということ。その日がいつ来てもいいように、日頃から準備することが必要だということである。

前述のスモールサンでは全国に20カ所の中小企業経営者が集う勉強会がある。その勉強会では、「年間売上げまたは利益の5％を新規事業で構成しよう」という目標を掲げ叡智を出し合っている。中小企業がいきなり新規事業を立ち上げるのは困難。そこで毎年小さな挑戦を繰り返していけば、必ず将来のビジネスの芽が育つというものである。皆さんもぜひトライしていただきたい。

そしてさらに、坂井氏には、次の3つの良い要素があったことも忘れてはならない。

第一に良質の温泉があったこと。

第二に今まで培ったエステの技術とノウハウを持つ人材がいたこと。

第三に施設として大浴場が2つあったので1つをつぶして温泉泥を精製できたこと。

現在ファンゴルームとしている場所は、以前は大浴場だったのである。温泉を売りにしている旅館としてはなかなかできる決断ではない。

最後に必要なのは経営者としての決断する肚。

その肚を常に練っておくことが経営革新につながるのである。

「経営革新への挑戦」――真似るべきポイント

- ☑ 自社にある資産価値を活かしながら、他の価値も高めるにはどうしたいいかを模索し続ける。
- ☑ 自社には直接関係ないようなシンポジウムにも参加し、経営革新や新規事業の「種」を探る。
- ☑ 悩んだ際に相談でき、背中を押してくれるような「師」を持つ。
- ☑ 国内外を含め最先端の事例を社員に視察させ、見聞を広める。
- ☑ 価値向上を漠然とさせずに数値化し、他の業界・周囲の地域に波及させることを目指す。
- ☑ 大学や専門家などのブレーンと連携し、研究開発できるネットワークを模索する。
- ☑ 新規事業をやる以上は、経済産業省からの支援認定を受けるくらいのことを目指す。
- ☑ 毎年、年間売上げまたは利益の5％を新規事業で構成できるように粘り強く続ける。

衰退業界を事業承継する

有限会社 香華堂

皆さんは、「仏具屋さんを引き継いでほしい」と言われたらどんな反応をするでしょうか？

私は立教大学で山口義行名誉教授と8年にわたり、事業承継論の授業を行っていました。そこで学生にこう聞いてみると、残念ながら「儲からなさそうだから嫌」「暗いイメージで無理」「衰退業界の象徴だから難しいと思う」などの回答が返ってきます。確かにそんなイメージがある業界なのかもしれません。特に家族経営など小規模な商いをしていると、そのイメージはさらに増幅することでしょう。

これからご紹介する有限会社香華堂も、現社長が小学校6年生の時に家業が倒産するという試練に直面しています。倒産後にお母様が一から立て直した会社を引き継ぎ、内助の功とも言える奥様の助言をビジネスに取り入れることで、現在の業容にまで発展させたのが成影幸仁氏です。

事業承継論の授業内で香華堂を紹介し終え、改めて「で、仏具店を引き継ぐとしたらどう？」と学生に聞くと、その回答は一変します。「仏具ではなく文化を売っているのが仏具店だと考えればいけそう」「女性の発想とネットを駆使すれば仏具でも売れないものはない」「人と人、過去と未来をつなぐ仕事はやりがいがある」など。事業承継の本質が、これらの回答にあるのではないでしょうか。

企業データ

有限会社 香華堂

設立	1987（昭和62）年
代表者名	成影 幸仁
事業内容	仏壇仏具の販売、寺院仏具（主に浄土真宗）の製造販売、ネットショップ運営
所在地	京都府京都市下京区松原通新町東入ル中野之町166
ホームページ	●会社HP：http://www.kokadou.com/ ●WEB販売：楽天市場「京都の仏具屋さん香華堂」 http://www.rakuten.ne.jp/gold/kokadou/ ●Amazon：https://www.amazon.co.jp/ 検索→京都の仏具屋さん 香華堂 ●Yahoo！ショッピング：https://store.shopping.yahoo.co.jp/kokadou/

小学校6年生の時に家業が倒産

櫻井　このあたりは、本当に京都らしい美しい街並みですね。

成影　修徳学区といって京都らしい景観を保護しようという学区に認定されています。先斗町《ぽんとちょう》は平成24（２０１２）年に同認定をされて少し有名になりましたが、修徳学区も同じ時期に認定されました。京都市の条例に見合った建物を建てたということで、私どもも表彰されました。もともとは、現在の場所よりすぐ西で商売をしていたんです。小学校６年生の時に家業の仏具屋が倒産してから、やっとここまでこぎつけました。

櫻井　そうだったんですね。どのようにして今の業容に至ったんでしょうか?

成影　もともと曾祖父が京都で金箔押しの職人をしていました。祖父も同じく職人をしていたんですが、金箔押しの仕事というのはいわゆる下請けなので、値段の安い仕事を数多くこなすという形でした。

香華堂　外観

そこで、祖父の代に「成影仏具製作所」という名前で、お寺に訪問して仏具をお預かりし、修理するという商売を始めました。
そんな中、昭和36（1961）年に浄土真宗で親鸞聖人の700回忌という法要があったのですが、その時に東本願寺の仏具も手掛けた福井弥右衛門商店という大手の仏具屋さんから、「後継者がいないので継いでほしい」という話が持ち上がり、そこで祖父に白羽の矢が立ったんです。

櫻井 その会社をおじいさまが引き継いだんですね。確か、七条烏丸に会社をおかれていましたよね。

成影 今でも福井ビルというのが建っています。当時は新幹線もない時代ですから、遠方のお客様にとっては、京都に来るというのは一生のうちに一度あるかないかでした。そのため、お土産として仏具や数珠が一斗缶にお札を投げ込むほど売れたそうです。着物をお召しになる方が多い時代でしたから、そういうお客様は奥の部屋にお通ししていました。帯をほどいて、その裏にしまってあるお財布を出されて支払われたのだそうです。

櫻井 まるで爆買いですね。

成影 私が小さな頃はボンボンなんて言われていました。父は6人兄弟の長男でしたが、戦後、高校を卒業してすぐに、東京で営業をして回っていたようです。「福井弥右衛門商店」という名前の効果もあって、この時にずいぶん販路が増えたそうです。

そんな会社が倒産したのは私が小学校6年生の時でした。その後高校生になったある日、学校から帰ってきたら家の鍵が合わないんです。一瞬にしてすべて差し押さえられていました……。

祖父は根っからの職人気質で営業嫌い。一方で父は、経営手腕はあったものの、いわばワンマン経営なところがありました。今にして思えばそれが良くなかったのでしょうね。

その後、昭和62（1987）年からはお寺さんにつけてもらった「香華堂」という名前に変えて、小さな家を借り、母がまた一から始めました。ありがたいことに色々と協力をしてくれた方もいらっしゃって。しかし、当時は経営理念なんていうものもなく、とにかく「自分の土地でもう一度やりたい」という気持ちだけでやっていましたね。

周りから色々な言われ方をしていたことにも気づいていました。だからこそ、「早くこの小さな会社を大きくしなければ！」という気持ちは大きな活力につながったと思います。

かっこ良くないイメージの家業を引き継ぐ

櫻井　成影さんご自身は、最初から香華堂を引き継ごうとお考えだったのですか？

成影　実は大企業に就職を考えていました。大谷大学という浄土真宗の東本願寺系の大学を出た当時はバブル期でしたから、大企業の最終面接のために、東京へも行きました。

お店のほうはというと、母と叔母2人で細々と営んでいました。お客様がたくさんいるわけでもなく、固定客の注文を受けたり、コツコツ営業に回ってお客様を見つけたりしていたようです。そんな感じだったので、母からも「別に継がなくてもいいよ」と言われていました。

ところが、ある日、姉の旦那さんに怒られたんです。「おい、お前、もっとしっかりしろ！」と。当時は、家業を継ごうか大企業に就職しようかと、気持ちがふらふらしていたんです。でも、そこでハッ！　と目が覚めまして、修業のためにということで「お仏壇のはせがわ」に入社を決めました。

櫻井　家業を継ぐことを前提に、就職を考えたということですね。

成影　はい。でも、その時は何が正解かは分かりませんでした。

香華堂社長の成影幸仁氏

当時は、証券や銀行などの金融関係がもてはやされていて、そういう世界が輝いて見えたんですね。

櫻井 では、はせがわさんに就職を決めた時には、「覚悟を決めた」ということですね。

成影 実は、そんなに強い気持ちでもなかったんですよ。だって、仏具屋って継ぎたくないイメージがありますよね。暗いというか。小さな頃は「成影に触ったら祟《たた》られる！」とからかわれたこともありました。まあ子ども同士の悪ふざけですけどね。正直「うちの商売ってかっこ良くないなあ」という気持ちを持っていました。

櫻井 はせがわさんでは、営業をされていたんですよね？

成影 はい。当時は個人情報も今ほど厳しく管理されていなかったので、新仏《しんぼとけ》情報を見て、「はせがわです。お参りさせていただけますでしょうか」と、一軒一軒神妙に回るんです。そして仏壇を営業するんですが、やっぱり悩みましたね。仏壇の営業って、嫌われる営業ベスト3くらいに入るじゃないですか。

櫻井 人の不幸の場面ですから、営業しにくいですよね。

成影 はい。精神的に耐えられなくなって、店長に「もうできません」と言ったこともありました。でもその時、「本当に困っている人もいるから、そういう気持ちで一軒一軒お参りしろ」と言われたんです。そこからは気持ちも吹っ切れて、主体的にやれるようになりました。その後、入社3年目の時に、母から「戻ってきてほしい」と言われ、家業に戻りました。

「女性ならではの目線」で売上げ激増！

櫻井 家業に戻られてから、お店の売上げはどうだったんですか？

成影 正直とても苦しかったです。

ご存じかと思いますけど、京都では新規の参入が非常に難しいので、営業には大変苦労しました。ある葬儀屋さんのご紹介で、地元の葬儀組合に入ったんですが、ネットワークこそできたものの、直接売上げに大きくつながるという感じではありませんでした。まさに自転車操業で、支払日の月末と10日が近付くと売上げをどうしようかと毎日苦しんでいました。なんとか売上げを平均化して安定させたいと、頭の中はそればかりでしたね。そこで、ちょうどその頃、楽天をはじめとしたネットショッピングが出始めた時期だったので、試しにやってみようかという話になったんです。京都では、仏具屋としては2番目の出店でした。

櫻井 素晴らしい先見性とスピード感でしたね。

成影 でも実は、妻のアイデアだったんですよ。

それで始めてみたものの、最初はとにかく手探り状態でした。ネット上に載せる商品写真の撮影をしないといけないんですが、良く見せる写真撮影の技術すらありません。本業もあるのでそちらの仕事を終わらせてから、当時住んでいたマンションの一室に商品を運び、カメラや照明を持ち込んで撮影していました。妻と二人で「あーじゃない、こーじゃない」って、夫婦喧嘩もずいぶんしましたね（笑）。

櫻井 ネットショップに出店してどうだったんですか？

成影 最初の1年は全然駄目でした。毎月の出店料や手数料もかかりますし、どうしようかなとずいぶん悩みました。そこで、もちろんお金に余裕はなかったのですが、ネットショッピングの経験がある女性をパートタイムで雇ってみることにしたんです。

撮った写真をただ載せるだけじゃなく、フォトショップでちゃんと加工する。写真以外でも、背景の説明文を加えたり、職人さんのところへ行って撮影した作業風景を掲載したり。

成影氏ご夫妻

すると、凄くアクセスが伸びたんですよ。見せ方を変えたりするだけで、5～10万円程度だった売上げが100万円くらいにまで上がりました。

櫻井 凄いですね。商品の説明だけじゃなくて、背景や物語を語るということですね。

成影 そうです。そうすることでだんだん売上げも安定していきました。他に新たな発見もありまして、当時の楽天の担当の方に「夏場には盆提灯を売ったらよいのではないか」と聞いて、新たに扱い始めたところ、もの凄く売れました。実は、京都ではお盆に提灯を飾る習慣がないので、私にはその発想はなかったんです。

櫻井 先ほどは「奥さんのアイデアだった」と仰っていましたが、商品ラインアップもお任せしたんですか。

成影 はい。妻のアイデアに委ねてみようと思ったんです。なぜかというと、私はこの業界が長いだけに思い込みもあるので、私が選ぶものが当たらなくなってきているんじゃないかって、密かに感じていたんです。つまり、「購買層の感覚」と私の感覚がずれていたんです。

ネットショップ商品

現実には、仏具の購入層や決定権を持っている方って、女性であることが多いんですね。なので、「ネットショッピング」というアイデアを聞いて、そのまま女性の目線に委ねるのも面白いかもしれないなと思ったんです。

櫻井 なるほど。女性ならではの視点ということですね。

成影 妻のアイデアで遺骨などを入れるジュエリーも扱っているのですが、これも週に3～4個は売れていますね。最初はこういう商品が売れるとは思っていませんでしたが、何十万もするプラチナの商品もたまに売れるんですよ。ここまで来ると私の感覚では分からないので、すべて妻に任せています。

櫻井 専務であり、ネットショップ副店長であり、主婦であり、妻である。素晴らしい奥様ですね。

成影 現在は、うちのオリジナル商品を作って差別化を図ったり、ネットショップの商品も季節ごとに入れ替えたりしています。例えば、売上げの落ちる冬場には巫女さんの衣装を売ったりもしています。うちは若い従業員もいますので、彼ら若い人たちの意見もどんどん取り入れるようにしています。

お寺の「ああしたい」「こうしたい」を形に

櫻井 オリジナル商品というと、どんなものがあるんですか?

成影 今、力を入れているのはお寺の本堂に飾る人工の松。最近は松が手に入りにくくなっていたり、松を立てられる方も高齢になったりしていますので、エコで気軽に立てられる人工松はニーズがあるんです。作っている業者さんは京都にも昔からあるんですが、なかなかお寺さんの希望通りの商品がなかったんですね。そこで友人に相談して試行錯誤の末、誕生した商品をカタログに載せたところ、注文が一気に増えました。

京都の他の業者さんは、そこで商品を送って終わりというケースが多いんですが、それだと本堂の雰囲気や花瓶のサイズに合わないことがあります。そのため我々は、見本を持ってお寺さんに足を運び、ご購入前にサイズや雰囲気を合わせていただく出張販売もしています。こうしたことをこつこつ地道にやっていると、ご購入されたお寺さんが別のお寺さんをご紹介してくださるんです。どれも自分の力ではなく、皆さんにお世話になって実現したことばかりです。

お寺さんにはお寺さんの不満があるので、お寺さんの「ああしたい、こうしたい」ということを追求して、今後も形にしていきたいなと思っています。

櫻井　と言いますと？

成影　例えば、仏像の指1本だけの修復だと、なかなか大手の仏具店ではできないいんですよ。通常は仏具をお預かりして修理するという形なので、ご本尊である仏像はなかなか外に出せないじゃないですか。

そこで、うちの職人が出張し、本堂で1日修理するというのをいくつかの地方でやらせてもらったところ、非常に喜んでいただけました。「ついでに他の仏具も直してほしい」と言われて、色々と対応したところ凄く感動してくださったお寺さんもあります。お寺さんって、観光客で潤うような有名で大きなところもあれば、お爺ちゃんお婆ちゃんだけでやっているような小さなお寺さんもあるんです。

仏教の良いところは、「頭を下げる」という文化。そういう心を持った職人さんの派遣をやっていきたいと考えています。

出張修理中の成影氏

昨今、若い世代の宗教離れや仏壇離れが問題になっている。実際、仏壇の廃棄処分の依頼が多くなっていると聞く。

成影氏も、今後文化自体がなくなってしまうのではないかという危機感を強く持っていて、若い人にどうしたら受け入れてもらえるかということを常に考えている。

成影氏が東京のあるお寺に商品を納めさせてもらった際のエピソードがある。

お寺の住職さんに名刺をお渡ししたところ、「えっ、成影さんっていうの？　うちの仏具、成影さんのだよ」と言われ、驚いて仏具の裏を見たら「成影仏具製作所」とプレートに書いてあったそうだ。それがご縁で、その後、色々なお付き合いだけではなく、ご紹介もいただいているそうだ。

先代が残したネットワークやつながりを大事にしていく。そして規模やシェアの拡大だけを意識して経営するのではなく、次世代に残すべき価値を意識して経営していく。

それが衰退業界を継続業界に変える条件なのだと思う。

「衰退業界を事業承継する」——真似るべきポイント

☑ 自社の歴史や業界の変遷を紐解き、年表形式で語れるようにする。

☑ 人は商品説明だけを求めているのではなく、商品の背景や職人の生き様も知りたがっていることを理解する。

☑ 業界に対する思い込みは捨てられない。ならば「新参者」に思い切って任せてしまう。

☑ 誰にでもどこにでも不満はある。その不満を吸い上げ、解決するだけでビジネスになる。

☑ 職人を職場から解放し、現場に滞在させる。ニーズも見つかり、職人も本質に気づくことができる。

20年前には大阪府内に2000軒以上あったといわれる銭湯。しかし、時代の変化と共に各家庭に内風呂があるのが当然となり、また、スーパー銭湯の台頭の影響などにより、平成29（2017）年7月現在では443軒にまで激減しています。

そんな厳しい経営環境を乗り切り、85年もの間地域から愛され続けているのが、森川晃夫氏（取締役）の経営する「昭和湯」です。

1日に100人来てくれれば損益分岐点ギリギリのラインといわれる中、昭和湯には2倍の200人が押し寄せます。

その背景には、湯舟にあるものを浮かべて話題になったり、営業時間を変えて新たな客層を獲得したりと、不断の努力があるのです。

斜陽産業でありながらも、街に活力を与える——そんな事例をご紹介します。

企業データ

森川商事 株式会社

創　業	1928（昭和3）年
設　立	1956（昭和31）年5月10日
代表者名	森川 正
事業内容	一般公衆浴場、不動産管理
所在地	大阪府大阪市東淀川区淡路4－33－12
ホームページ	http://morikawashoji.co.jp/

銭湯は20年で5分の1に激減

櫻井 昭和湯さんがある「東淀川区淡路」という街は大阪の中でどんなエリアなんでしょうか？

森川 新大阪駅に近く、大阪梅田駅からも10分少しと便利なところです。特に淡路駅は、地下鉄堺筋線とも連絡し、北千里、高槻、京都へ出られるだけでなく、芦屋、神戸にも出られますので交通の要所と言える場所です。

櫻井 そんな淡路駅にある「淡路本町商店街」。なんか落ち着く良い商店街ですね。

森川 はい。そんなに大きな商店街ではないですけど、昭和の雰囲気を残しながらも活気溢れる商店街です。私どもは昭和３（１９２８）年からこの地で商売させていただいています。

櫻井 85年もの間、銭湯一筋で地元に愛され続けるとは凄いことですね。各家庭に内風呂があるのが当然になってきたり、スーパー銭湯ができたりなど、銭湯ってどんどん減ってきているると思うんですが。

森川 はい、20年前には大阪府内に２０００軒以上あったんですが、今では４４３軒にまで激減

昭和湯　外観

しています。同業者の間で、「２０００軒が１０１０軒になっちゃったら、まさに千十《せんとう》だな」なんて冗談を言っていたんですが、それ以下になっちゃいました。

櫻井　20年で5分の1ですか。そんな淘汰が進む中、昭和湯はなぜ愛され続けているのでしょうか？

アヒルを浮かべて露出を増やす!?

森川　この規模の銭湯ですと、損益分岐点として1日に１００人来ないと採算ベースにのらないです。たとえお客様が１人だとしても30トンのお湯を沸かさないといけないですし、１人１５０リットルものお湯を使いますので、その分も沸かさないといけない。そう考えると1日１００人来ていただいてやっとトントン。ですが、昭和湯では、１日に２００人来ていただいています。

アヒル風呂用のアヒル

櫻井　凄い！　損益分岐点の2倍の来客じゃないですか！　ズバリ、その秘訣はなんですか？

森川　地道な努力によって露出の数を増やし、認知度を上げるということでしょうか。いかにして「ちょっと遠くてもあの銭湯に行こうかな」と思っていただけるか。「最後まで続くお店が勝つ」ということです。

櫻井　具体的にはどのように露出を増やしているんですか？

森川　例えばアヒル風呂です。

櫻井　えっ？　アヒル風呂って湯舟に浮かべて遊ぶあのおもちゃのですか？

森川　はい。子どもが湯舟に浮かんでいるアヒルで喜ぶのを見た時に、「これが1000個くらいあって、銭湯の浴槽を埋め尽くしていたら……」と想像したんです。それで、問屋さんが1個20円で売っていたので、男湯と女湯合わせて2000個を仕入れて湯舟に浮かべました。すると、そのことを産経新聞が取り上げてくれたんです。

アヒル風呂

メディア掲載

それ以来、大阪産業創造館の産創館レポートでも紹介していただき、メディアにも取り上げられ続けています。

そして、その話題を見た子どもが「アヒル風呂に入りたい」と言うので、今まで銭湯になんか来たことがないというお父さんたちも来るようになったんです。

櫻井 4万円で元を取るどころか、それ以上の効果ですね。

森川 はい、でもこの「アヒル風呂」、実はもの凄く大変な労力がかかるんです。

櫻井 えっ？　アヒルのおもちゃを浮かべるだけではないんですか？

森川 それが、大変なのは浮かべた後なんです。アヒルのおもちゃの中にお湯が入っちゃうんですよ。そのため一度使ったら、２０００個のアヒル一個一個フタを取り、お湯を出し、乾燥させ、消毒しなきゃいけないんです。

櫻井 では、そんなにしょっちゅう開催できるわけではないのですね。

森川 はい。今では、その作業を近くの障害者施設の皆さんにお願いし、お仕事としてきちんと対価をお支払いしてやっていただいています。そして、彼らにも自分たちの乾かしたアヒルがどんな風に使われているのか見てもらおうと、銭湯に入りに来ていただいています。

櫻井 アヒル風呂の開催が地域や社会への貢献にもなっているんですね。

森川 しかし、常連さんやお年寄りからは「なんだ、こんなもの浮かべやがって！」とか「騒がしくて困る」などの声も上がるのではないですか？

森川 確かに始めた当初はそんなこともあったかもしれません。でも、今ではお爺ちゃんお婆ちゃん方も「アヒルグッズを孫に買っていく」と喜んでくれています。常連さんも、ざぶーんと入って浴槽からアヒルが溢れるのを見て「おお〜」って楽しんでいますしね。

日々変える「仕掛け」と、変えない「定番」

櫻井 単に話題作りが目的なのではなく、銭湯という場を中心に笑顔を広げることが狙いなのですね。

森川 「昆布風呂」というのもあります。昆布の日ということで、11月15日に開催しました。昆布は保湿効果もあるんですよ。おばちゃんが「いい出汁出たわ〜」って言って帰っていきます（笑）。さらにノベルティーで「だしパック」を進呈するんですが、皆さんに喜んでいただいています。他にも、「お風呂で読める本がある銭湯」というので大阪日日新聞に取り上げていただいたこともあります。
というのも、感動ってすぐに飽きられちゃうんですよね。そのため、次から次へと新しい何かを仕掛けていかないと駄目なんです。

一方で、お客様が求めているものは変えないようにしています。例えば浴用タオルは「クイン」！　これしかないです。「クラウン」という、女性が髪の毛を乾かす機械もあります。今でも「空いたで～、使ってや～」っておばちゃんがみんなに声をかけています。それから、コーヒー牛乳、みかん水、ラムネは必須。もう一つ大事なのは、新聞や漫画。散髪屋とお風呂屋に漫画のセットは欠かせません。

櫻井　「これを楽しみにしている」というお客様が多いんですね。常連さんって何人くらいいるんですか？

森川　毎月1日と15日は70歳以上のご高齢者を対象に、「高齢者割引デー」というのを大阪市がやっていて、これは登録制なのですが現在166名いらっしゃいます。それ以下の年齢の方々も合わせると、250～300名が常連さんかと思います。

脱衣場のロッカーの上には、常連さんの荷物が置いてある

銭湯は「体を洗う場」ではなく、「コミュニティーの場」！

森川 うちの銭湯は、自宅にお風呂があるのにわざわざお金を払って入りに来る人が多いんです。先日、ご高齢のお客様に「なんで昭和湯に来るんですか?」とお聞きしたら、「家でお風呂に入っている時に、もしも何かあったら怖いから」って仰っていました。高齢者が一人でお風呂に入るのって危険じゃないですか。でも、万が一自分の身に何かあっても銭湯なら誰かが助けてくれるっていうことなんだそうです。

他にも、銭湯で「痩せたんか?」とみんなに言われたので、後日病院に行ってみたら病気が見つかった。「銭湯に通っていたおかげで病気が早目に見つかって良かった」なんて話も聞きます。

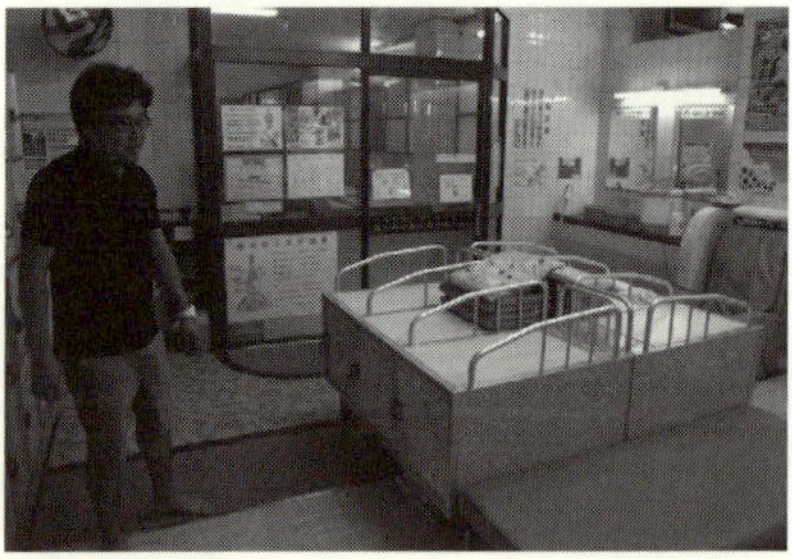

脱衣場にあるオムツ替え用のベッド

櫻井 つまり、銭湯は「体を洗う場」ではなく、「コミュニティーの場」なんだと思うんです。街の接骨院の待合室とかと同じですね。「あの人、最近顔を見ないな」と心配だから電話してみようとか、家をのぞいてみようとか。そういうコミュニティーが高齢者には大事ですよね。

森川 騒がしい子どもや入浴マナーの悪い子がいれば、たまにはお年寄りが「こらっ！」って叱ったり、「どこの子だ？」って声をかけたりして、地域全体で子どもを育てる。そうやって大きくなった人が、今度は自分の子どもと一緒に銭湯に来る。そんな循環も生まれるのが楽しいですよね。

櫻井 営業開始する前の空き時間にコンサートとか寄席とかやっても喜ばれるんじゃないですか。夏は暑いでしょうが、冬は暖かくて良いですね。

森川 「毎週土曜日は朝風呂を」というのをやっていますが、その日だけ来る人もいますよ。7時～9時30分までの2時間半だけなんですが、「ここの朝風呂、最高やわ～」って大勢の方がいらっしゃいます。実は通常の14時45分～深夜0時30分までの営業よりも効率が良いんです。

櫻井 とはいえ朝だけ営業にもできないですよね？

浴場

森川　そうですね。深夜しか来られない方も大勢いらっしゃいますので。でも「朝営業」については街ぐるみでやりませんかって、商店街に働きかけているんです。例えば「朝八百屋」「朝喫茶」「朝病院」「朝床屋」……などなど。朝から活動しているお年寄りは多いですし、深夜営業よりも早朝営業のほうが健康的で良いですしね。「お年寄りに優しい街、淡路」「朝からお店がやっている街、淡路」ってイメージが定着すると、街のイメージも良くなっていいかと思うんです。

体をきれいにするんだったらシャワーがあればよい。風呂に入って、ビールを飲んで、カラオケして、食事をしてというように、全部をワンストップでしたければスーパー銭湯に行けばよい。街のお風呂屋さんは、家庭やスーパー銭湯ではできないことをやっていくべきだ。

地域と世代をつなぐコミュニケーションの場としての機能を担っているのが銭湯の存在意義。そう捉えているのが森川氏の素晴らしい点である。

そのように位置づけると、地方や海外のお客様にも銭湯に来てもらおうという発想にも発展する。実際、森川氏も近所に空き物件があるというので、海外からの旅行者向けにゲストハウスをやろうかと思っているそうだ。海外からのバックパッカーがゲストハウスに泊まり、銭湯文化を体感する。風呂上がりに商店街で買い物や食事をしてもらい、ゲームセンターなどをブラブラすることで街全体が潤う。銭湯を中心に商店街が「体感アミューズメント型のテーマパーク」になっていく。

そういう不断の取り組みが、「斜陽産業」に対する固定概念の壁を崩すことになる。結果、新しいビジネスが派生的に生まれ、街に活力が生まれるのである。

「斜陽産業が街に活力を」——真似るべきポイント

- ☑ とにかく知ってもらうために、あらゆる手段を使って露出を増やす。
- ☑ 露出戦略は話題作りが目的ではなく、自社を通じてコミュニティーと笑顔を広げることを狙いとする。
- ☑ よく利用してくれる客に「なぜ、利用してくれるのか？」を尋ねる。
- ☑ 家庭でできないこと、大型店でできないことは何かを考える。
- ☑ それらの問いにより、自社の「存在意義」を明らかにする。
- ☑ 地元客だけでなく地方や海外のお客様にどうしたら利用してもらえるかを考える。
- ☑ 結果、地域に対してどんな恩恵や貢献ができるかを考える。
- ☑ 他の業種や業界にどんな波及効果があるかを考える。
- ☑ 街の中に自社があるのでなく、「自社を中心に街のビジネスが成立している」と発想してみる。

第四部

自立した人材育成で創造できる企業へ

市場創造への挑戦

タイジ
株式
会社

中国、台湾などに押され、勢いを失いつつある日本のモノづくり。日本のモノづくりにもう一度活力を与えるものは何か？——技術力、商品開発力、企画力。果たしてそれだけでしょうか。「市場は待つものではなく、自ら創造するもの」という考え方。これが不可欠です。

そんな市場創造の好事例といえるのが、川崎市にある「電気おしぼり蒸し器」製造の「タイジ」という会社。

ユネスコ無形文化遺産にも登録され、欧米でも人気の高い「和食」。そんな日本の食文化の象徴ともいえるおしぼり文化。同社は今や世界80カ国以上に販路を広げています。

しかし、二代目の堀江社長が会社を引き継いだ時には、会社の財務状況は苦戦を強いられていたのです。

彼はいかにして市場を創造していったのでしょうか。

キーワードは「やらない」ことを明確にし、戦う場所を明確にすること。そしてローテクともいえる製品にこそイノベーションのチャンスがあるということ。

社員と共にどのようにして市場を切り開いていったのか。そこに日本のモノづくりの未来が見えてきます。

企業データ

タイジ　株式会社

設　立	1964（昭和39）年10月28日
代表者名	堀江 裕明
事業内容	電気タオル蒸し器・食品温蔵庫・全自動酒燗器など業務用サービス機器の製造・販売
所在地	●本社：神奈川県川崎市川崎区東田町5－3 ホンマビル ●川崎事業所：川崎市川崎区大川町8－2 ●西日本営業所：大阪府大阪市東淀川区下新庄5－26－21
ホームページ	http://www.taiji.co.jp

先代の閃きが予想的中！　おしぼり蒸し器が大ヒット！

櫻井　会社設立時はどんな製品を扱っていたのですか？

堀江　先代が「おしぼりタオルの電気式蒸し器」の製造からスタートしたのが昭和39（1964）年です。

高度経済成長期でカラーテレビ、洗濯機や冷蔵庫などの白物家電が売れていた時期でした。同業他社が「冷やす冷蔵庫が売れるなら、温める保温庫を作ったら売れるんじゃないか」と製造したものの全く売れなかったらしいんです。それを横目で見ていた先代が、「大型だから売れないのでは？」「小型にして、おしぼりだけを温める機械を作ったら、飲食店が欲しがるんじゃないか？」と閃いたのがきっかけだったらしいんです。

特に大発明ってわけでもなかったのですが、飲食店が世の中に増えている時でもあり、これが爆発的に売れたんです。工場の外に10トントラックが何台も待ち構えていて、作っても、作っても間に合わなかったくらいだったらしいです。

櫻井　堀江さんがタイジに入社したのはいつ頃ですか？

堀江　私は設立30周年となる平成6（1994）年に、当時10年ほど勤めた金融機関を辞めてタイジに入社しました。

前職の時に中小企業の経営の大変さを見てきただけに、自分自身が中小企業の経営者になることには相当の覚悟が必要でした。でも「たとえ中小でも自分でかじ取りをして生きていくことが最大のリスクヘッジだ」と思い、自分の人生を懸けてみようと思いました。

でも、タイジに入社してしばらくは営業をやって現場を知る毎日だったので、中小企業の本当の厳しさを知ることはありませんでしたね。

入社して4年ほどたったある日、先代から「今日から経営も見ろ」と言われ、常務になった日からすべてが変わったんです。

「守る社員」VS「壊す経営者」

堀江 私が入社する少し前に、主要メンバーが同業他社に流出するというちょっとした事件があったんです。でも、市場全体は伸びていたので売上げが落ちることはありませんでした。飲食店だけではなく、理容、医療の分野は未開拓だったので、市場自体は拡大していたんですね。

でも、私自身は会社の生命線でもある開発力がないことに強い危機感を抱いていました。

周囲にもそのことを問いましたが、残念ながら「売れているから大丈夫でしょ」という反応だったんですね。

しかし不採算事業もあり、企業として健全とは言えない状態だったのは事実でした。すぐに「続けるべきもの」と「撤退すべきもの」との仕分けが必要でした。

櫻井　当然、社内からは反発が出たのでしょうね。

タイジ社長の堀江裕明氏

創業の精神と経営理念

堀江　反発するならまだ良くて、正直、拍子抜けって感じでした。私が「なんでこうなの？　おかしくない？」と問いただすと、「今までそうして来ましたから」という反応だったのです。

「今までの延長で考える」という風土ができてしまっていて、その風土を徹底的に排除する必要がありました。彼らが悪いというわけではなく、中にいると見えなくなり分からなくなるんです。

私は経営者としてすべてを壊していこうと決めました。

櫻井　「守る社員」対「壊す経営者」の構図ですね。

「やらない」を決めて、絞り込むことが大手と戦わずして勝つ秘訣

櫻井　具体的にどんなことを壊し、仕掛けたのですか？

堀江　「小型に特化」です。

これは現在でも貫いていることなのですが、「人力で動か

タイジの「電気おしぼり蒸し器」

せないものはやらない」「家庭用電化製品はやらない」という2つの「やらない」戦略です。

大型機械と、家庭用電化製品をやるということは、大手が競合になるということです。逆に言えば、それ以外の領域には大手は手を出しにくい。さらには、その領域に行かなければ価格競争に巻き込まれないで済むということです。

櫻井 「やらない」を決めて絞り込むことが、大手と「戦わずして勝つ」秘訣なんですね。

堀江 はい、小型化の徹底と共に、市場を創造するための工夫と改善も重ねました。具体的には、銀一色だったショーケースにカラーバリエーションを持たせて9色にしたんです。これで今まで採用されなかった店舗にも納入されました。

さらには保温力を高めるために横面がガラスではない素材でできていたショーケースを四面ガラスに。これらの商品は10年たった今でも右肩上がりの実績なんです。

櫻井 もともと製品自体の商品力は十分にあった。そこへニーズに合わせた改善を加えたということですね。

堀江 そうなんです。商品の品質は良かったので、取引先からの信用はあったんです。

しかし社内に目を向けると、設計は外部に丸投げで、部品も共通化していない状態でした。

そのため、部品の共通化と、部品の製造をしていただく工場を得意分野別に明確にしていきました。

櫻井 こうして、現在のファブレス方式（自社で生産設備を持たず、外部の協力企業に100％生産委託しているメーカーのこと）の基礎を築いていったんです。

ファブレス化して生産を外部の工場に委託することにより、自分の会社は新製品の企画や研究、設計やマーケティング、販売などに特化できる。そして小規模なメーカーでも製造設備の資産や人員をそれほど保有することなく、タイムリーに製品を生産できるという優位性を獲得したのですね。

毎年、毎年、新製品を出し続けることにこだわる!

櫻井 「やらない」経営戦略。非常に興味深いのですが、他にもありますでしょうか？

堀江 そうですね、「おしぼり蒸し器とお酒のお燗器は展示会に出さない」でしょうか（笑）。

櫻井 なんですか、それは？　おしぼり蒸し器とお酒のお燗器こそタイジの象徴ではないのですか？

堀江 そうなんです。だからこそ、それを出してはいけないのです。

私が社内で言っているのは「タイジのイメージを変えろ！」ということです。「タイジは、おしぼり蒸し器とお酒のお燗器の会社」――これはお客様も分かっている。だからそのイメージを壊す必要がある。あえて、無理をしてでも新しい製品を開発して、毎年毎年必ず出し続ける。これが大事なんです。

櫻井 なるほど、厨房に関わる機器業界は、モデルチェンジが遅く、デザインの重要性とかにこだわらない業界なんですね。なので、あえてその風習を壊していくことが他との差別化につながるというわけですね。

他にも業界の常識を覆す戦略はありますか？

堀江 常識を覆すというほどではないかもしれませんが、私は製品を買ってくれる取引先よりも、製品を製造してくれる協力会社や同業他社と交流することを大事にしています。

櫻井 その意図はなんですか？

堀江 もちろん、市場で何が求められているかを知るために取引先を回ることも大事です。でも、我々の生命線は、製品の性能やクオリティーです。コンプライアンスを含め、守るべきものを守ってこそ、市場開拓ができると思っています。

また、「1社の大口取引先に依存しない」ということも戦略にしています。ナンバーワンの取引先でも全体の売上げの10％以下のシェアなんですよ。リスクを分散することも重要な市場開拓戦略です。

「とにかくやってみろ」が、「チームワーク」と「責任感」を生む

櫻井　設計開発から資材調達、生産、物流、販売までのサプライチェーンにおける改革以外で取り組んだことはありますか？

堀江　それは新しい人材の採用ですね。私は理系出身ではないので、アイデアがあっても具体化や製品化はできません。ですので、この部分は新たに優秀な人を採用せねばと、専門家の採用に力を入れてきました。当時採用した新しい人材が、20年ほど経った今、会社の中核に育っています。

櫻井　実際にどのように活躍しているのですか？

社員との談笑から新しいアイデアが生まれる

堀江　実は、今会社で一番力を入れているのはランプウォーマーなんですね。出来上がった料理が冷めないように温める機能がプラスされたライトで、レストランの厨房とホールをつなぐカウンターなどに設置されています。レストランのオープンキッチン化によって「厨房の見える化」が進み、大当たりしました。まさに大ヒット商品と言えます。

これらの新商品の企画とデザインを担当しているデザイナーが当時採用した若者です。彼がこんなに成長するとは夢にも思いませんでした。本人には失礼ですが（笑）。

櫻井　彼らの持つ能力を引き出す秘密があるのですか？

堀江　あえて言えば、「とにかくやってみろ」と任せてしまうことでしょうか？

「任せる」と言っても決して放任というわけではありません。コンセプトとゴールだけ伝えて任せるのです。そうすると周囲も放っとけないので、手伝ったり、アドバイスしたりしてチームワークも自然と育ちます。

櫻井　育っているのは男性だけですか？　これで女性も育っていたら本物ですね（笑）。

堀江　実は、女性社員でも期待の星がいるのです。

「片面が冷えながら、もう片面が熱くなる」という特性をもつ半導体で「ペルチェ素子」というものがあるのですが、その開発を女性社員に任せました。

櫻井　なんだか聞いただけで難しそうな話ですね。

堀江　「ペルチェ素子」はとても薄く、膨張による変形もあり、とにかく故障しやすいデリケートな部品です。仮に大手が手を出しても能力が限定的なので、結局大型のコンプレッサーで冷やす方式が主流になっているのです。うちとしては、保温だけではなく冷却する製品であっても同じように小型化が基本方針なので、このペルチェ素子を研究し、どうしても製品化したかったのです。

櫻井　で、商品化できたのですか？

堀江　はい、できたんです。彼女は部品メーカーさんにも協力してもらいながら、故障のメカニズムを解析し、素子に負荷が掛からないようにユニット化しました。ユニットの設計を改良などで1年以上研究し続けたんです。結果、この素子を使った保冷装置の故障率を一般的な業務用機器と変わらない水準まで下げることに成功しました。

櫻井　素晴らしいですね。「中小企業のモノづくり精神」の神髄ですね。

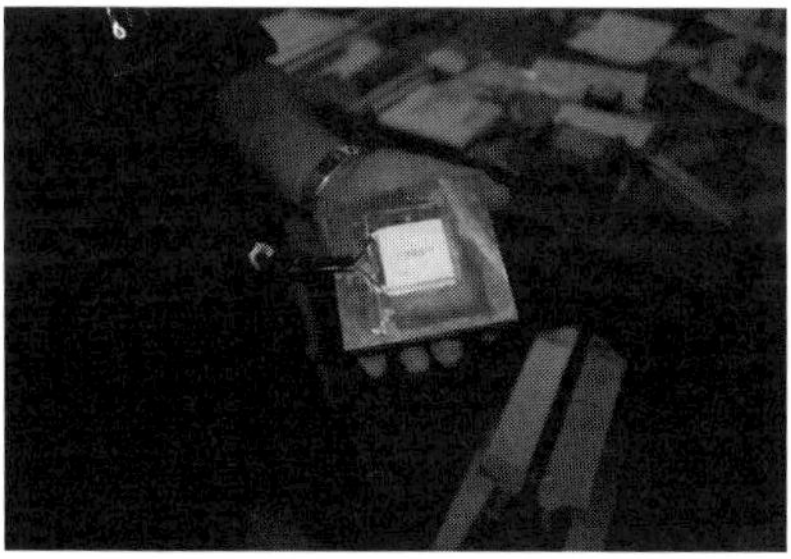

ペルチェ素子

堀江　最近は、ホテルやレストランのバイキングに使われる食品保冷プレートの需要が増えているので、お客様の目に触れる機器を設計することが多いんです。「故障しにくい」、「修理しやすい」といった条件は当然ですので、「設置される空間と調和する」とか、「置かれた食品がより魅力的に見える」といった、感性的な部分も重視されます。ですので、彼女のようなセンスの持ち主が大事なのです。

機械というハードを広めるのではなく、「おしぼり文化」というソフトを広める！

櫻井　タイジは世界中の国々に製品を販売しているとのことですが、いつ頃から注力しているのですか？

堀江　実は、私が入社する前から香港と米国には製品を卸していました。しかしほとんどが間接貿易（貿易商社を通して海外取引を行うこと）だったんです。

これを直接貿易（自社で直接、海外の製造業者あるいは流通業者と取引を行うこと）に切り替えていく必要がありました。なぜなら、製造業者である我々とエンドユーザーさんとの間で、マーケットや製品に関して徹底した意見交換をする必要があるからです。納得できる製品開発や市場開拓をするためにも直接貿易への切り替えにこだわりました。
展示会へ積極的に出ていき、海外からのインターネットを通じた問い合わせにも一つ一つ応え、今では取引の80％を直接貿易に切り替えて、世界80カ国以上に販売網が広がっています。

櫻井　素晴らしいですね。今後もこうした販売網を広げていくのでしょうか？

堀江　いいえ、実は「おしぼり蒸し器」はおまけで、主役は「おしぼり」なんです。「機械」というハードを売るのではなく、「おしぼり」というソフトを売らなくてはいけない。「おしぼり文化」を世界に発信し、広げていくことが大事なのです。
ですので、ベトナムに「加工おしぼり」の製造工場を作りました。今では、おしぼり縫製工場として拡大しています。

TAIJI
タイジのロゴ

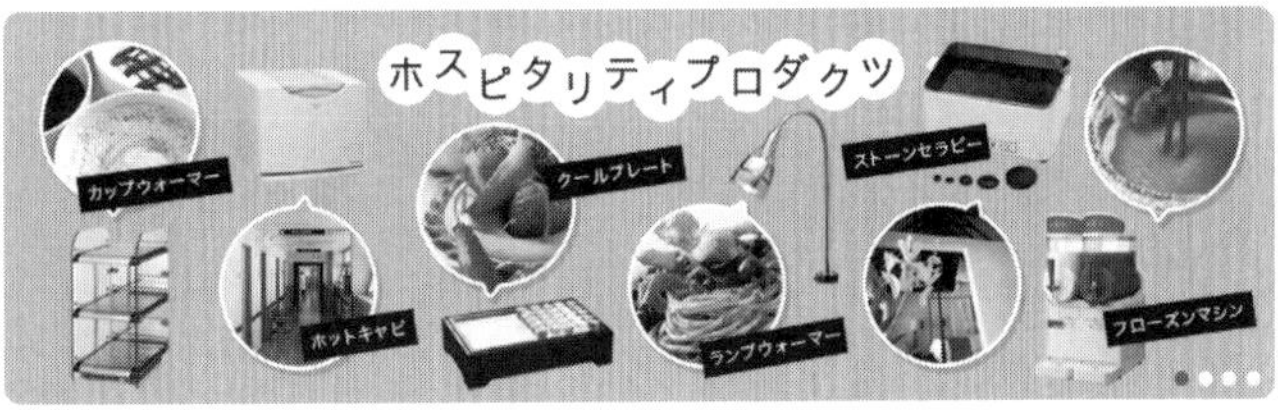

事業コンセプトである「ホスピタリティ・プロダクツ」イメージ

櫻井　具体的に海外進出するにあたっての大事なステップはありますか？

堀江　まずは「現地を自分の目で見る」ことです。具体的には海外の展示会に出展して現地のお客様の声、ニーズ、要望に耳を傾けるのです。うちの社員は、営業だけではなく、製造部門の者もほとんどが海外に行っています。

第二に「安心できるエージェントを探す」ことです。自分で売って歩くことはできないので、ネットワークを使うんです。とはいえ全部のお客様と取引するのではなく、取捨選択も必要です。最初は候補先全員に会って人柄、姿勢、意気込みを直接私が見させていただきました。

第三は、「人任せにしない」ことです。これがブランドとしての品質を守り、お客様からの信用につながるのだと思います。

櫻井　海外進出における今後の課題はありますか？

堀江　現在、特に需要が伸びているのが、東南アジア、インド、中東などの地域です。「新興国」と呼ばれている国々の経済がさらに発展し、成熟期に入っていけば、私たちの製品に対する需要も伸びていくと思います。

しかし、日本仕様の製品をそのまま海外に普及することを狙うのはまずいと思っています。日本独特の「おもてなしの文化」には、国ごとに違ったスタイルがあるはずです。将来は、それぞれの国や文化のあり方に合った機器を開発し、現地で製造することが課題かと思います。

私たちのやっていることは決してハイテクではありません。それどころか、ローテクとも言えます。モノづくりというとハイテクな技術が取りあげられますが、ローテクにこそ技術革新し、差別化できる要素があるんだと思うんです。

ローテクにこそ改善と差別化のヒントあり！　そう信じています。

必要なのは社員一人一人の知恵と挑戦。考え続けることです。そしてそれを支え、信じる我々経営者。

中小企業でも知恵と挑戦で市場を開拓し、変革し続けられることを証明していきたいと思います。

堀江氏の会社は、電気おしぼり蒸し器でトップシェアを誇る。その理由は、競合と戦って勝ったのではなく、競合が勝手になくなってしまっただけだそうだ。つまり、おしぼり蒸し器だけを製造していた会社は自然に消えてしまったのである。

一方、タイジは、おしぼり蒸し器のノウハウを活かし、フーズウォーマー、フーズクーラー、冷蔵・温蔵ショーケース、カップウォーマー、酒燗器、フローズンマシン、ドリンクディスペンサーなどなど。製品のラインアップは年々拡大を続け、今では100以上のアイテムを提供している。

そんな「タイジ」の事業コンセプトは「ホスピタリティ・プロダクツ」。

温かい物は温かいまま、冷たい物は冷たいままお出しするという「ホスピタリティ」。

ドリンク類やデザート類を、その場で作ってお出しするという「ホスピタリティ」。

機器のデザイン性を高めることで、視覚的にも上質の体験をという「ホスピタリティ」。

世界中の様々な店舗・施設で「ホスピタリティ」を支える製品を開発し続けている。この努力にこそ、日本のモノづくりが忘れかけている「モノよりこころ」という要素がある。

「市場創造への挑戦」――真似るべきポイント

- ☑ まずは、「自分でかじ取りをしていくことが最大のリスクヘッジ」と腹をくくる。
- ☑ 「今までの延長で考える」という風土を排除するために自分が先頭に立つ。
- ☑ 大手と戦わないためにも、何をするのかではなく、「何をやらないのか」を決めて絞り込む。
- ☑ 無理をしてでも新しい製品を開発して、毎年毎年必ず出し続ける。
- ☑ 製品を買ってくれる取引先よりも、製品を製造してくれる協力会社や同業他社と多く交流する。
- ☑ 1社の大口取引先に依存しないために、トップシェアを全体の売上げの10％以下にする。
- ☑ 20年先を見越し、その専門分野の新卒を積極的に採用する。
- ☑ 能力を発揮してもらうためにも、コンセプトとゴールを伝え、後は任せる。

☑ 納得できる製品開発や市場開拓をするために、直接取引にこだわる。

☑ 海外進出の際は「現地を自分の目で見る」「良いエージェントを探す」「人任せにしない」。

☑ 機械・商品というハードを広めるのではなく、「文化・こころ」というソフトを広めることがすべてに優先される。

企業風土が人を育てる

株式会社
丸忠

「人は人が育てるのではない。企業という〝風土〟が育てるのである」。

大企業は入社後の研修によって、ある種画一的な人材に教育していくことが可能です。一方、中小企業においては、多様な人材が集まり、入社ルートもバックグラウンドも年次も違うのが当たり前です。特に現場では、上司と言ってもプレイングマネージャーだったり、研修などの機会もないまま年次を重ねていったりすることになります。ですので、中小企業において人が人を育てようとするのには限界があるのです。

では、中小企業における人材育成の要諦はなんなのでしょうか？ それが、「人は企業風土で育つ」なのです。ここでいう「企業風土」とは、会社の仕組み、人間関係など仕事を通じて働き手が日々接し感じる日常です。この日常を整えることで、人は自然と育っていくのです。

その好事例が沖縄にあります。衣類のクリーニングを中心にスタートした株式会社丸忠ですが、喜納朝勝氏が社長として会社を引き継いだ時には、債務超過状態の会社でした。「お金がないから唯一できるのは社員さんの育成だけだった」と喜納氏は言いますが、その取り組みにこそ中小企業の人育ての要諦があります。

今では健全な財務体質となった丸忠。訪問してまず目に飛び込んでくるのが、壁一面の大きなボードです。これが理念とビジョンを軸とした、会社と個人の成長を支える「良い習慣」を見える化したものなのです。

企業データ

株式会社 丸忠

設　立　1977（昭和52）年3月12日

代表者名　喜納 朝勝

事業内容　リースキン事業：家庭用、業務用ダストコントロール商品のレンタル
代理店事業：ダストコントロール商品の代理店さんへのリース
ハウスケア事業：事務所・店舗クリーニング、ハウスクリーニング
トータルコーティング事業：フローリング・水廻りのコーティング、ガラスフィルム、バルコニータイル

所在地　●本社：沖縄県浦添市牧港5丁目19－8
●第二工場：宜野湾市嘉数4－27－9

ホームページ　●会社HP：http://kireimaru.jimdo.com/
●フロア・コーティング事業HP：http://www.mirrorcoat-okinawa.com/

債務超過と高利貸しの現実

櫻井　まずは会社の歴史を教えてください。

喜納　会社としましては平成29（2017）年7月より42期目に入っています。義理の父がドライクリーニングの会社を創業したのが昭和45（1970）年。義父はもともと米軍施設への仕事をしていたので、英語が堪能でした。海洋博の追い風などもあってリネンサプライの仕事を伸ばしていったのですが、価格競争の波にのまれ、その会社はリネン大手の会社さんに売ってしまいました。

その後、始めたのがリースキン事業です。これが今でも大きな柱の一つになっています。私の代になってから、経営資源をさらに集中させるべく、クリーニング事業からは撤退し現在に至っています。

丸忠社長　喜納朝勝氏

櫻井　喜納さんが社長になったのはいつからなのですか？

喜納　平成13（2001）年ですので、社長になって16年ですね。

当時は酷い債務超過状態の会社でした。社長になる前、私は東京で土木系の会社に勤務していたんです。義父に「会社を辞めて、うちに来てくれ」とお願いされた時は、「一生食っていける利益があるから一緒にやろう」と言われたんですけどね（笑）。

櫻井 ところが、実際は大変な状況だったたんですね。

喜納 はい。実際に会社に入ってみると、確かに義父の言っていた通りだったのですが、借金も年商以上にあり、大変な状況でした。

義父には「おまえは営業をやれ、俺は資金繰りをやるから」と言われたので、一生懸命営業しました。ある日、新規オープンのホテルから受注を取って、「20万円の契約をもらったよー」と喜んで帰ってくると、会社の受付でお札を数えて持っていく人がいるんです。

櫻井 えっ？

喜納 高利貸しなんですよ。利息を取りに来るんです。義父である社長の仕事は資金繰り、こっちから金を借りてそっちに返す……その繰り返しでした。なので、今から思うと会社の将来や長期的なことなどは考えられなかったんでしょうね。私自身も「誰がやっても上手くいくはずがない」と思っていました。正直に言うと、当時は「こんな会社の後継ぎにはなりたくない」というのが本音でした。

袂を分かつ決断と、内助の功

櫻井　どうやってその危機を脱したんですか？

喜納　実はリースキンの本部に相談したんです。「うちには年商以上の借金があります。銀行にも見放されている状態です。支援してください」と。当然大きな企業ですのでM&Aの専門家などもいたので、支援策を出してくれました。ただし、その支援を受けるには条件がありました。それは、社長が退くこと。その代わりに私が社長になることでした。そうすれば、軌道に乗るまで資金提供してくれると言うんです。
年末も差し迫った中、義父に話したところ、最初は「分かった」と承諾してくれました。ところが、年始には「俺が作った会社だから、もう一度自力で頑張りたい」と言い出したんです。

櫻井　お義父さんとしても、自分が興した会社への想いがあったんでしょうね。

喜納　そうですね。でも、私にも守るべき家族があります。同じ船に乗って一緒に沈没するわけにはいきません。私は家族を守るべく、リースキンの横浜支店の営業責任者として沖縄を離れました。

櫻井　苦渋の決断だったでしょうね。

喜納　はい、でも逆にとても良い時間だったとも言えます。「私自身にも至らぬことが多々あった」と頭を冷やせました。創業者との確執も含めて、自分のやり方にも非があったと振返って反省することができた期間でもあったんです。
そんな反省の念が通じたのか分かりませんが、数年後「もうお前の言う通りにする」と義父に言われて再度沖縄に戻ってきました。義父はカテーテルをつけて、いつ心臓が発作を起こすか分からないという状態でした。

櫻井　奥様もご苦労されたんでしょうね。

喜納　そうですね。実の父と私の間に挟まれて大変だったと思いますが、なんの文句も言わずに私についてきてくれました。今は会社に入って、専務としてかれこれ15年近く支えてくれています。若い社員さんも多いので、私の言いたいことや想いが上手く伝わらないこともあるのですが、それを通訳して伝えてくれる大事な役割を担ってくれています。妻には心から感謝しています。
また、経営をしていく中で義父への想いも変わっていきました。片方では借金をつくったが、別の片方ではお客様という財産を創ってくれていた。そのことに心から感謝できるようになった時から経営が好転していったように思います。

会社の経営も、人生の経営も同じこと

櫻井　人育てはどのように行ってきたのですか？

喜納　「未来を見て、社員と共に学ぶ」ということで、会社のビジョンも社員さんと一緒に一泊研修で作り上げるんです。

櫻井　社長が会社のビジョンを掲げる会社が多い中、社員さんと共に作るとはユニークですね。どうやって進めるんですか？

喜納　まずは「会社の経営も自分の人生の経営も同じだよ」ということからスタートします。

「まずは〝自分の人生〟が先だよ。会社が先にあるのではなく、〝自分の人生を豊かにするために〟会社というステージを使うんだよ」と。自分の人生はどうありたいのか、何を成し遂げたいのか、を一泊研修でイメージしていきます。

まさに「自分の人生のグランドデザイン」を毎年毎年作るんです。そして、出来上がったものを前に、「これを実現するために働くんだよ」と説いていきます。「働くことが目的で

社内の改善提案ボードをチェックする喜納氏

はないんだよ」「働くことは手段なんだよ」と。

櫻井　一度作っておしまいではなく、毎年作るというのが凄いですね。社員さん一人一人のビジョンが合わさり、会社のビジョンになる。会社から押し付けられるのではなく、自分の人生を成功させるために会社というステージを使ってみんなでビジョンを作り上げるんですね。

喜納社長の「人生のグランドデザイン」

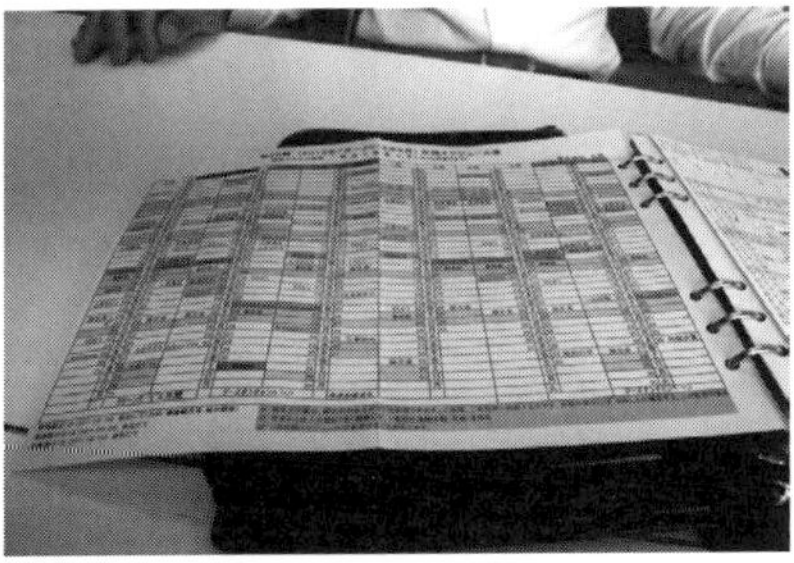

「会社の経営計画」も手帳にファイリングされている

ビジョン作りに社員さんも参加させるのは、喜納さんの生き様にも重なるものがあるのでしょうか？

喜納　そうですね、私も自分で決めてここまで来ましたので。

それと、「仕事を通して人間力を磨き続けることを喜びとする」というのは、まさに経営理念そのものなんです。

櫻井　どんな経営理念なのですか？

喜納　これです。

〈経営理念〉

一、キレイには人を幸せにする力があることを広め、幸せな社会づくりに貢献します。

一、快適で心地よい環境づくりを通して、お得意様の発展と幸せづくりのお手伝いをします。

一、仕事を通して人間力を磨き続けることを喜びとします。

〈人の心と心を結ぶキレイの伝道師として共有する価値観〉

一、私達は、感謝の心と感動する心を大切にします。

一、私達は、謙虚に学び、素直に行動します。

一、私達は、常に考え、プラス発想をします。

一、私達は、自分の行動に責任を持ちます。
一、私達は、本気で本音で関わります。
〈私たちは、人の心と心を結ぶキレイの伝道師です〉
～人の心と心を結ぶキレイの伝道師～は、キレイな空間づくりを通して、〝キレイには人を幸せにする力がある〟ことを広め、幸せな社会づくりに貢献することを使命としています。未来に描く姿は、空間だけでなく、人の心もキレイにすることが出来る人と組織です。

櫻井　経営理念だけでなく、共有する価値観も定めているのが特徴的ですね。

喜納　はい、人間一人一人みんな違う考え方・価値観を持っています。働く場において物事の考え方の基本となる価値観は揃える必要があります。

社長宅での「誕生日会」から「幸せづくり学会」まで

櫻井　でも、理念やビジョンはそう簡単に浸透しないですよね？

喜納　はい、そこは日々の実践です。「ルーティーン＝良い習慣化」を大事にさせます。自分で毎日すべき良い習慣を決めて、やったら「〇」、やれなかったら「×」を毎朝出社した時に付けるんです。「良い習慣は良い人生を創る」ということで、私も含めてみんなで実践しています。

櫻井　社長も正直に健康のために腹筋をやったか、やらなかったか○×を付けているんですね。

喜納　はい。一方、提案改善も仕組み化しています。まず、会社内の不具合を見つけてボードに書くんです。次にその不具合を続けていくとどうなるか、今度は別のボードに書きます。そして最後に改善提案を書くようにしています。

櫻井　提案改善も一つのシステムになっているんですね。

喜納　社内の営業会議も「幸せづくり学会」と呼んでいます。お客様との絆を築けたのか、幸せづくりができているかということがテーマなので、そう呼んでいます。なので、売上げなどの数字は最後に確認するだけです。

櫻井　みんなで何について話し合うのか目的がはっきりしているから、会議の名称もそのようになっているのですね。

喜納　はい。その通りです。会議とは別に、毎月開催しているのが「誕生日会」です。会場は、我が家で、専務である家内の手料理でおもてなしします。最高の料理と最高のお酒でやろ

毎日の良い習慣を全員が毎朝チェックする

うと決めているのです。

櫻井 いくら社員さんのためとはいえ、ここまで徹底していると逆に「社長が好きでやっていることなんじゃないの？」と思う人もいそうです。実際、喜納さんもブレる時はあるんじゃないでしょうか。

ところが、社員さんに話を聞いてみると、「入社して12年なんですが、目指すものや理念は本当にブレないです。ただ、そこに行くためにどうするかという手法についてはどんどん変わるんです」と返ってきました。「普通は理念やビジョンを描いても、言うは易《やす》く行うは難《かた》しで、実行が伴わないことが多いと思います。私が思うに、喜納社長が一番大事にしているのが理念の中にもある『感謝と感動』なんだと思います。人としての基盤というか根っこの部分に『感謝』の想いが誰よりも深くあるんだと思うんです」と。

喜納 いやいや、まだまだです。

櫻井 しかし、社内でブレてる人とかいませんか？

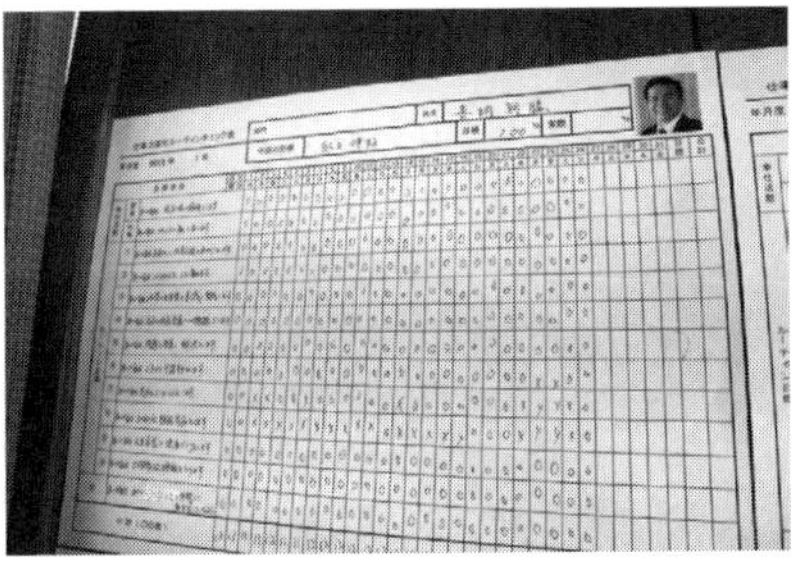
社長の喜納氏自身も毎朝〇×を付ける

喜納　そうですね。「なんかうっとうしいな～」って思っている社員さんもいると思います。でも、そういう時は「本気で本音で関わる」ってことを大事にして向き合います。そしてお互いに「言いたいことを言える場」を作ってあげることが大事なんだと思います。それと、「水路化現象」という言葉が社内にあります。

櫻井　なんですか？　それは。

喜納　思考や考え方が楽なほうに流れて行き、重要なことや難しいことには向かって行かないことを指します。

櫻井　なぜ喜納さんは水路化しないで、学び続けられるんでしょう。

喜納　そうですね、社員さんを幸せにしたいという想いです。理念の実現に向かって社員さんの心も生活も豊かにしたい、という気持ちです。採用と共育のことでは成功もしている反面、失敗もたくさんしています。これは！　と思った人材が、すぐに辞めてしまったことも。採用と共育は正解がないものなので、社長にとっては永遠のテーマですね。これからも勉強していきます。

「教育でなく共育」と言う喜納氏

この会社は人材の採用をどうしているのだろうか?――興味が湧いたので後日、喜納氏にお聞きしてみた。結果は以下の通りである。
・「なんのために働くのか?」というテーマで説明会を開催する。
・次に実際に仕事を体験してもらい、社員さんと接してもらう。
・その体験を作文に書いてもらい、考え方を見る。
・最後に面接で本質的な考え方を見る。
徹底した「働く意義」と「考え方」の深掘りである。知識や情熱は入社後にいくらでも変えることができる。しかし「考え方」や「価値観」はなかなか変えられない。だからこそ採用の場面でしっかりと互いに確認することが、中小企業にとっては非常に大事になってくるのである。

そしてもう一つ重要なことがある。それは、中小企業は従業員と経営者の距離が近い分、経営者が理念に本気なのかを肌で感じやすいということ。これは良いことでもあるが、少しでも経営者の価値観がブレていると悪いほうに影響する。経営者の本気を見せるためにも、社員さんを育てるためにも、経営者自身が良い習慣を日々のルーティーンで見える化し、実行していくこと。一見面倒に見えて、実はこれが一番簡単であり、一番の近道なのである。

「企業風土が人を育てる」――真似るべきポイント

- ☑ 会社が先にあるのではなく、自分の人生が先であることを伝える。
- ☑ 会社に未来へのビジョンがあるように、自分の人生のグランドデザインがあることを伝える。
- ☑ これらを作成すべく、年に1回、全社員で合宿をする。
- ☑ 経営理念には、理念だけではなく、共有する価値観も定める。
- ☑ グランドデザインを達成するために、日々何をすべきかを「良い習慣＝ルーティーン」として定める。
- ☑ 「良い習慣＝ルーティーン」を壁に貼り、実行できたか毎日○×を付ける。
- ☑ 会議はそのテーマや目的から名称を決める。
- ☑ 目指すものや理念はブレさせないが、そこに行くための手段は日々変える。
- ☑ ブレている人がいる場合は、放っておかないで本気で本音で関わりあう。
- ☑ 思考は楽なほうに流れがちなので、「自分でなく周囲を楽にする」ことを念頭に置く。

第五部

11社の事例から

経営者の資質が、企業の戦略に直結する

11社の企業を探訪し、11人の経営者にお会いして見えてきた中小企業経営の本質——それは、経営者一人一人の「人柄や生き様」が、1社1社の「戦略そのもの」になっているということです。

大企業であれば、役員任期に合わせ経営者が改選されていきます。しかし中小企業の場合はそうではありません。同族企業であればなおのこと、仮にそうでなくても一人の経営者が長期間にわたって経営を担っていくのが世の常です。

それだけに、中小企業の場合は、経営者の資質＝「考え方」や「あり方」が大いに問われることになります。

経営者の考え方やあり方がしっかりしていれば、現場にも浸透します。一方、ブレていたり、確立してなかったりすれば、何をやっても現場から総スカンを食らうことになります。

つまり、中小企業の場合、この土台ともいえる部分がしっかりしているかどうかが、すべてを

左右するのです。

これを示したものが下図の「氷山モデル」です。

図を氷山に模しているのには大きな意味があります。氷山は、海面よりも上の見える部分がわずか10％ほどで、海面下の見えない部分が90％を占めるといわれています。

中小企業経営においても、この日頃の業務であまり意識しない部分＝「理念」や「戦略」が重要になってくるのです。

11人の経営者に共通しているのは、日頃意識しないこの部分＝経営者としての「考え方」や「あり方」がしっかりしていることを、皆さんも実感されたのではないでしょうか。

櫻井浩昭式経営の氷山モデル

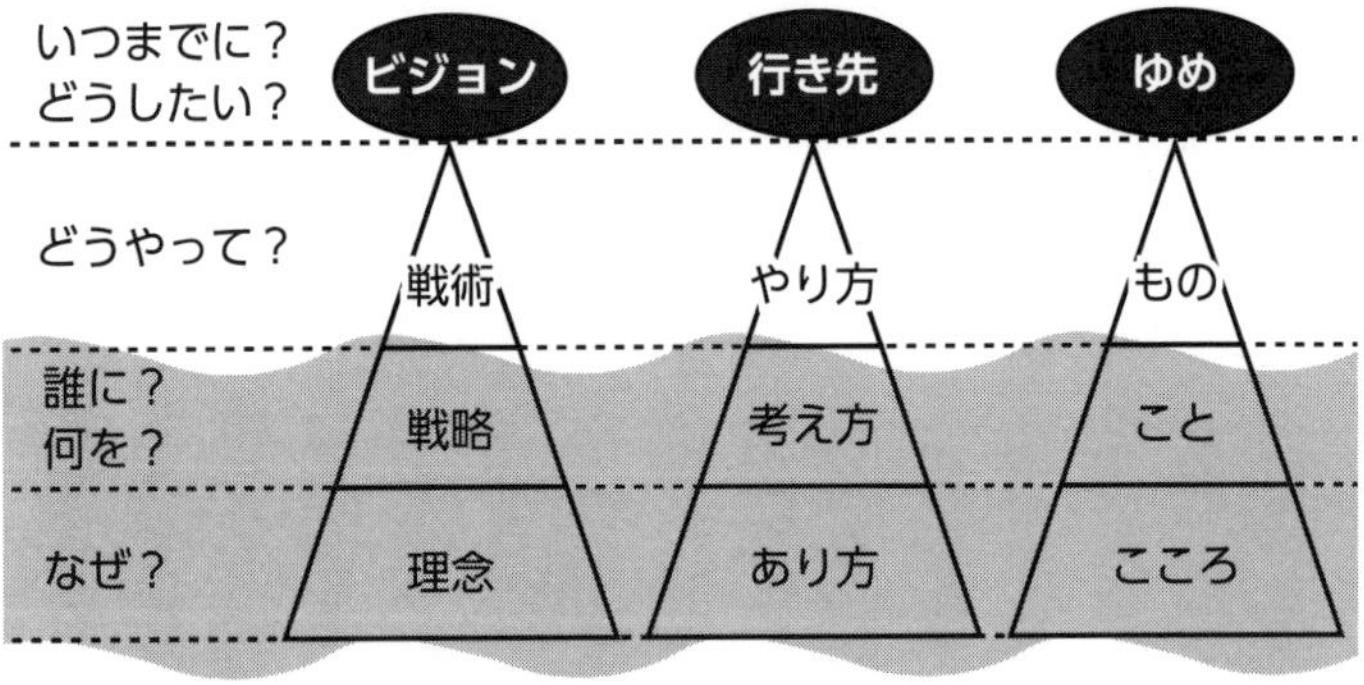

「旅人と3人の石切職人」の話が意味するもの

このことを理解していただくために、私は講演で「旅人と3人の石切職人」の話をします。こんな話です。

会った人すべてに「あなたは何をしているのですか？」と聞くのが趣味の旅人がいました。

旅人が灼熱の砂漠を歩いていると村が見えてきました。

村に入ると汗だくになって石を切っている職人がいました。

いつものように「あなたは何をしているのですか？」と旅人は聞きました。

職人は吐き捨てるように答えます。「見れば分かるだろ！　石を切っているんだ！」と。

しばらく歩いていくとまた石を切っている職人がいました。旅人はまた聞きます。

すると2人目の職人はこう答えました。

「私は、砂や風を防ぐ壁を作っています」と。

さらに歩いていくと、同じように汗だくになって石を切っている職人がいました。旅人は聞きます。

すると3人目の職人が答えました。

「私は、悩める人が集う、祈りの場を作っています」と。

いかがでしょうか。同じ石を切るという行動をしていても、3人の仕事に対する考え方は違っていたという話なのです。

3人の性格の違いだろうと言う方がいらっしゃいます。

しかしそうではないのです。この話には続きがあります。

3人は三つ子だったのです。同じDNAを持ち、同じように育ち、同じ職に就いたのです。

唯一違ったのは、3人が違う石を切る会社に勤めたので、師匠＝経営者が違ったのです。

1人目の石切職人は、「お前の仕事は、石を切ることだ。毎日10個の石を切れ」と言われ続けました。

2人目の石切職人は、「風雨や砂嵐にも耐える壁の材料を作ることが仕事だ」と言われました。

3人目の石切職人は、「お前の切った石は、祈りをささげる場になり、人々の悩みを救うことになる。それが君の仕事なのだ」と言って育てられたのです。

師匠＝経営者の指導や育て方の違いにより、おそらく出来上がる石のレンガの品質も違ったものになったことでしょう。

196頁の氷山の図をもう一度見てください。

1人目の石切職人の師匠は、氷山の上の部分が仕事だと言っていたのです。

一方、2人目と3人目の石切職人の師匠は、氷山の下の部分にこそ、仕事そのものの価値や本質があり、石を切るのは手段でしかないと伝えていたのです。

中小企業の場合は、特に経営者の資質＝「考え方」や「あり方」が大いに問われるという意味がお分かりいただけたでしょうか。

「人を指でさす」その指先を見る――「考え方」や「あり方」を磨く唯一の方法

では、経営者としての「考え方」や「あり方」を磨くにはどうしたらいいのでしょうか？

それは、

「人を指でさすこと」

です。

人を指でさすことなんて、最もやってはいけないことではないかと思われるかもしれません。

確かにいけないことですので、補足が必要です。

私は、長年様々な企業を訪問して組織を変革させるお手伝いをしています。

企業を訪問し、まず実施するのは、経営者さんや従業員さんへのインタビューです。

「会社を良くするためにご意見をください」と質問します。

すると、皆、口をそろえて「あの人が動いてくれない」「あの人がもっと気づいてくれたらいいのに」「あの人がチームワークを乱している」と人を指さすように自分以外の方の指摘をされます。

このように問題意識があるのは、決して悪いことではありません。あきらめていて、問題意識すらないよりも一歩前進しています。

ただし問題意識の方向が間違っています。したがって私はこんなアドバイスをします。

「今いただいたご意見は、すべて人を指さしていますよね。でもその指先を見てください。人差し指は、相手をさしていますが、残りの3本は自分を指さしていますよね。

あの人のあの部分が問題だ！　と怒りや、憤りを覚えたときはチャンスなのです。

残りの指が自分をさしている数だけ、自分が変われることを教えているのですから」

「あの人のここが駄目！」「あの人のここが嫌！」と思ったら、その人に対する行動や言動を3つ変えるようにするのです。

すると、結果的に相手に対する「考え方」と「あり方」が徐々に変わっていくから不思議です。

中小企業経営の本質——それは、経営者自身の意識変革の先にある

「人を指でさす」たびに、自分の指先を見て、自分の行動を3つ変える——特に経営者自らがこれを実践し繰り返すことが、一番効果的であることは言うまでもありません。

この繰り返しを続けている経営者のもとに人が集まり、人が育ち、仕事と笑顔が集まり続けるのです。

中小企業経営の本質は、経営者自身の意識変革の先にある——企業探訪で探り続けた答えがここにあります。

さあ、思いっきり人のことを指さしましょう！

世間や社会や地域のことも指さしましょう！

ただし、自分に向いている3本の指＝3つのチャンスがあることを忘れずに！

第六部

「企業探訪」を終えて

きっかけは、山口義行名誉教授とのちょっとした会話から

私が今のように経営者への「突撃インタビュー」を本業とは別にもう一つのライフワークにするようになったのは、今から10年ほど前の立教大学名誉教授山口義行先生との会話がきっかけでした。

ちょうどその日は、数日前に山口先生が経営者向けのパネルディスカッションに登壇されたという日でした。その際に先生がご一緒した経営者の方がとてもユニークだったとのことでした。

「櫻井さん、先日のパネラーの方、とても成功している製造業の経営者だったんだけど、非常に変わった人事施策を導入しているんだよ」。

どのようにユニークなのかをお聞きすると、こうでした。

――採用は応募した先着順で決定
――評価はしないで年齢序列の給与体系
――会議は自由参加
――定年なしで生涯雇用……などなど。

当時の私には理解できないことばかりでした。

ですので、「櫻井さん、人事のプロとしてどう思います？　なんで、そんなことが可能なのだと思いますか？」と、先生から問われたものの、返答に窮したのは言うまでもありません。

それどころか、「きっと鬼軍曹のような人材教育の教官みたいな人がいて、どんな方が入社しても一人前に仕立ててしまうのではないか」とか、「宣伝のために大袈裟に言っているだけで、実態はそこまでではないのではないか」と心の中でつぶやいていたほどでした。

山口先生（右）との談笑　撮影：山下道夫

「そんなことができるはずがない」と思いながらも、先生からの質問が頭の中を何度も何度も巡りました。

――なんで、そんなことが可能なのか？

自分の価値観が覆される喪失感と高揚感

その会社とは、愛知県豊橋市にある樹研工業《じゅけん》──。

「1グラムの100万分の1の世界一小さい歯車を作る会社」と言えば、お分かりになる方もいらっしゃることでしょう。

今になって思えば、松浦社長が有名な経営者であることを私が知らなかったことが良かったのかもしれません。さらには、私がもともと二次情報に頼ることなく一次情報でないと納得しないという性格の持ち主だったのも良かったのかもしれません。

「自分の目で確かめに行こう！」

気がつくと私は、樹研工業のホームページから問い合わせのページに入り、「御社が素晴らしいという話を聞いたが本当かどうかをこの目で見たい」という主旨のメールを送っていました。

数日後、返事が来ました。「ぜひおいでください」と。

「きっと広報室か総務部の人が出てきて簡単な説明でお茶を濁されるんだろう」と思いながらも、新幹線に飛び乗り一路、豊橋に向かいました。

あまり期待もしないまま、会社に到着して通されたのは、社長室。そして出てきたのは、なんと松浦社長ご本人。

「30分ほどだけ」ということでしたが、あっという間に3時間が経過していました。

丁重にお礼を言い、会社を後にし、豊橋駅に向かうタクシーでの高揚感は今でも忘れません。

忙しい中、訳も分からない人間に貴重な時間を割いてくださったことへの感謝の気持ちと同時に、今までの自分の価値観が覆されたような喪失感。この2つが入り混じった複雑な心境でした。

「企業風土を良くすることで、中小企業をサポートする」という想い一つで起業したものの、自分自身の考え方は、今まで経験してきたことや、世の中に溢れている大企業的な一般論の枠を出ていなかったことに気づかされました。

——人は生まれながらにして平等なのだから、比較評価する必要はない。それよりも大切なのは、この会社で働くことへの誇りと安心。

——一般的に採用面接の場面では、お互い良いことしか見せないもの。面接の上手さよりも、働きたいという熱意や想いを評価する。だから先着順に採用する。

——優秀な技術を持っている円熟の域に達した人を定年だからと言って退職させたり嘱託にしたりしない。一生涯、正社員として働き続けられ、いくつになっても活き活きと働いている。

——たとえ不況になって仕事がゼロになったとしても、社員全員に給与が払えるように内部留保している。そのためにもトップが先頭になって倹約し、経費は社員のためだけに使う。

——入社後はすぐに配属せず、毎日会社を自由に見学させる。自分がやりたいと思う仕事が見つかるまで何日でも見学させる。やりたい仕事が見つかったら、その職で世界一になることを誓わせる。

その日、松浦社長から聞いたお話は、今までの自分の価値観にないものでした。それどころか、大企業の「人は駄目なら入れ替えればいい」「優秀な人は持ってくればいい」的な発想に立脚した人事の施策に憤りを持ちながらも、明確な「解」がないまま模索していた自分にとって、まさに目から鱗が落ちたような経験だったのです。

1社1社の経営現場にある、尊く本質的な軌跡を追う!

樹研工業のある豊橋市は、浜松市と豊田市に挟まれています。

両市ともに日本を代表する大企業の本拠地――。

ですので、優秀な人材は、いずれかの都市に流出してしまう。

そこで松浦社長がとった戦略が、どんな人材でも家族のように大事に育て、世界一の人材にすること。

もっと言えば、採用した社員一人一人のお茶の間で「ウチの会社はいい会社だ」と話題になることを目指したのです。

その社員の子どもや孫が入社してくる会社になれば、人材に困ることはない――。

事実、豊橋駅に向かうタクシーの運転手さんが「いい会社だったでしょ。今度は本社じゃなくって工場を見学しなよ」と、まるで樹研工業の広報部員のようだったことが、地域に愛されている会社だということをまさに物語っていたのでした。

東京に帰ってすぐに、この出来事を山口先生に伝えました。

先生は、「えー、櫻井さんも物好きだね。わざわざ行くなんて」と呆れていたものの、その表情はとても嬉しそうでした。

今思えば、先生の術中にまんまとはまっていたのかもしれません。

数カ月後、先生からこんなお話を頂きました。

――経営ノウハウも大事だが、現場で経営者自らが模索しながら得たことは、それ以上に尊く、本質的なものである。

――櫻井さんに経営の現場に行ってもらい、経営ノウハウや経営者の生き様に迫る話を聞き出してもらい、それを記事にしてほしい。

――それをニュースとして毎月、全国の中小企業経営者の皆さんに配信しよう。そして中小企業、いや日本を元気にしよう！

「はい！」と即答していたのはご想像の通りです。

「櫻井浩昭の企業探訪」はこうしてスタートしたのでした。

TVの収録スタジオにて

インタビューされる側の副次的効果の秘密

こうしてスタートした「企業探訪」ですが、インタビューして記事にしたものを取材先の経営者さんにお見せすると、多くの場合、このような反応をいただきます。

「いやー、上手くまとめていただいてありがとう」

「おかげで、言いたいことが自分でも整理されたよ」

「聞き出すのがうまいですよね」

とてもありがたいコメントですが、これには理由があるのです。

そして、この理由を明かすことが、皆さんの会社でも役に立つことになるかと思います。

それは何かというと「2つの質問を使い分ける」ということです。

私の本業である組織変革のお手伝いをする際に最も力を入れているのは、従業員さんへのインタビューです。企業の実態を把握するためには、データなどを見るよりも直接働いている方々にお話をお伺いすることが一番です。

その際、気になることがあるとすぐに「なんでそう思うのですか?」「どうしてそのように考えるのですか?」と突っ込んでいくようにします。

この「理由を問う」質問は、問題の本質を探っていくために効果的です。

ですので、経営者の皆さんへのインタビューを開始した際には、この「理由を問う」質問の仕方を多用していました。

しかし、ある時気づいたのです。山口先生の質問の仕方と私の質問の仕方の差に。

具体的な例を問う質問法が、一番言いたい背景を聞き出す

山口先生は、パネルディスカッションでモデレーターをされる際に、このような質問の仕方はせず、こうパネラーに質問するのです。

「例えば、それはどうやって実現したのですか？」

「具体的には、どのようなことをしたのですか？」

「それにより、どんな効果が生まれたのですか？」

「最終的にお客さんの反応はどうだったのですか？」

これは「具体的な例を問う」質問法です。

確かにこのように質問したほうが、パネラーの皆さんも答えやすそうですし、会場の聞き手も「そうそう、そこそこ！」というような反応をするのです。

私も早速これを取り入れることにしました。

聞き手として聞きたいことは別にあるものの、それはぐっと我慢して、読み手が聞きたいだろうなという具体的な事例を聞くように心がけたのです。

そうすることで変化が起きました。

話し手が一番言いたかった本当の理由や背景に、無理なく自然に迫っていけるようになったのです。

質問には2つあります。

理由を問う質問と、具体的な例を問う質問と。

皆さんが会社で周囲の方と会話する際や、お客様に対しニーズの把握をされる際には、この「具体的な例を問う」質問を心がけていただきたいと思います。

キーワードで人生を語る！

もう一つ、経営者さんにインタビューして、それを文章にすることを繰り返すことで勉強になったことがあります。

それは、「小見出し」を付けることです。

実は、インタビューの際にその様子をボイスレコーダーなどで録音はするのですが、それを一言一句文字起こしはしないのです。

もちろん最初の頃は、データをそのまま文字起こしをして編集していました。

実際はどうしているかというと、インタビュー中に相手の話を聞きながら、同時並行で「この話に小見出しを付けるとしたらどんな小見出しになるかな？」とか、「さっきの話の前に、この話を入れたほうが伝わるな」とかの構成を考えるのです。

そして会社に帰ってから、最初に小見出しを書き出して文章を後から入れていくほうがより早く、より分かりやすい文章が書けるということに気づいたのです。

山口先生にこのことを伝えると、やはり先生も原稿を書く際には、そうしているとのことでした。

さらに先生からこのようなお話をいただきました。

――経営者だけでなく、多くの人は、「聞きなれた一般的な言葉」に考えを閉じ込めてしまう傾向にある。

例えば、販売促進や情報発信に関する素晴らしい実例を見たり、聞いたりしたとする。持ち帰るべきことは一つでなくいくつもあるはず。にもかかわらず、最後に一般的なマーケティング用語や、カタカナ用語にまとめてしまう。

こんな例もある。

今あるものを超えていくために、10年後の未来のために色々議論をしているとする。枠を取っ払って、既成概念を壊して議論をすべき局面である。にもかかわらず、明日の会議に向けどう発表するのか？　に意識が向いて一般的な経営用語を用いてしまっている。

どうしても自分の枠の中や、今まで学んできたことに当てはめないと不安になってしまう。せっかく枠を壊そうとしているのに。

何かを考えたり学んだりする際に大事なのは、意地でも一般的な言葉に逃げないこと。

仮に一般的な言葉が出てきた際には、なぜそういう言葉にたどり着いたのかの背景に迫る。そして具体的な例を聞く。

仮に自分が今まで勉強してきた言葉に翻訳しないと学べないのであれば、それがその人の限界。その限界を超えるのが、本当の学びである。

その限界を超えようと葛藤することが、その人らしい実践や気づきにつながるのである。

それを繰り返していくことで、最終的にはキーワードで自分や会社を語れるようになるのである。

いかがでしょうか。

私自身も振り返ってみると、挑戦し続けている方々、周囲に元気を与えている方々、何かの道を究めて成功している方々に共通するのは、この「キーワードで自分や会社、そして人生を語っている」ことだと気づかされました。

そしてキーワードで人生を語れる人は、周囲を動機づけすることができ、仲間が集まり力を貸してくれるので、ビジョンが達成しやすくなるというのは言うまでもありません。


たとえ今はキーワードで自分を語れなくても、大丈夫です。

毎日毎日、その日の自分の考えや行動に「小見出し」を付けていれば、いつかキーワードで人生を語れるようになるのです。

私も最初からできたのではなく、何度も何度も反復継続してきたから「少しだけ」できるようになったのかもしれません。


私が山口先生から時には怒られ、時には突き放され、そしてごくごく稀にちょっとだけ褒められ学んできたことが皆様の参考になれば幸いです。

あとがき

本書は、「櫻井浩昭の企業探訪！」に掲載された70を超える経営者インタビューの中から選び、書籍化したものです。

この「企業探訪」シリーズは、会員制のニュースサイトである「スモールサン・ニュース」の別刊として平成21（２００９）年にスタートしました。

途中、「竹内健二の企業探訪！」として３回執筆をお願いしたものも合わせると通算で77回連載したことになります。

そして平成28（２０１６）年８月からは「山口恵里の現場に行く！」として今も毎月更新されています。

ご興味ある方はぜひサイトを覗いてみてください。http://news.smallsun.jp/

本文中に何度も登場する立教大学名誉教授山口義行先生は、このスモールサンを主宰しています。

スモールサンが提唱する中小企業経営3つの原則が、「読む力」「問う力」「つなぐ力」です。

――時代の変化と顧客のニーズを読む。

――自社や提供する価値がどうあるべきかを問う。

――問うた先に弱みや不足があるのであれば、仲間と手を組み、知見をつなぎ合わせ乗り越えていく。


中小企業経営の素晴らしさと難しさ。そして、中小企業に勤めることの楽しさと厳しさを今後も発信していきたいと思います。

また、全国で経営者向けの勉強会「スモールサン・ゼミ」を開催しています。

詳しくは、お近くのゼミ担当や、スモールサン事務局にお問い合わせください。


70を超える掲載企業の中から11社をどういう観点で選んだのかについてですが、大きな4つのテーマごとに、2~3の会社をエリアや規模、業種や創業年数などを総合的に鑑み、選出させていただきました。

取材時から時間が経っているなど、今回は心ならずも掲載できなかった会社などもありますが、

〈全国のスモールサン・ゼミ一覧〉

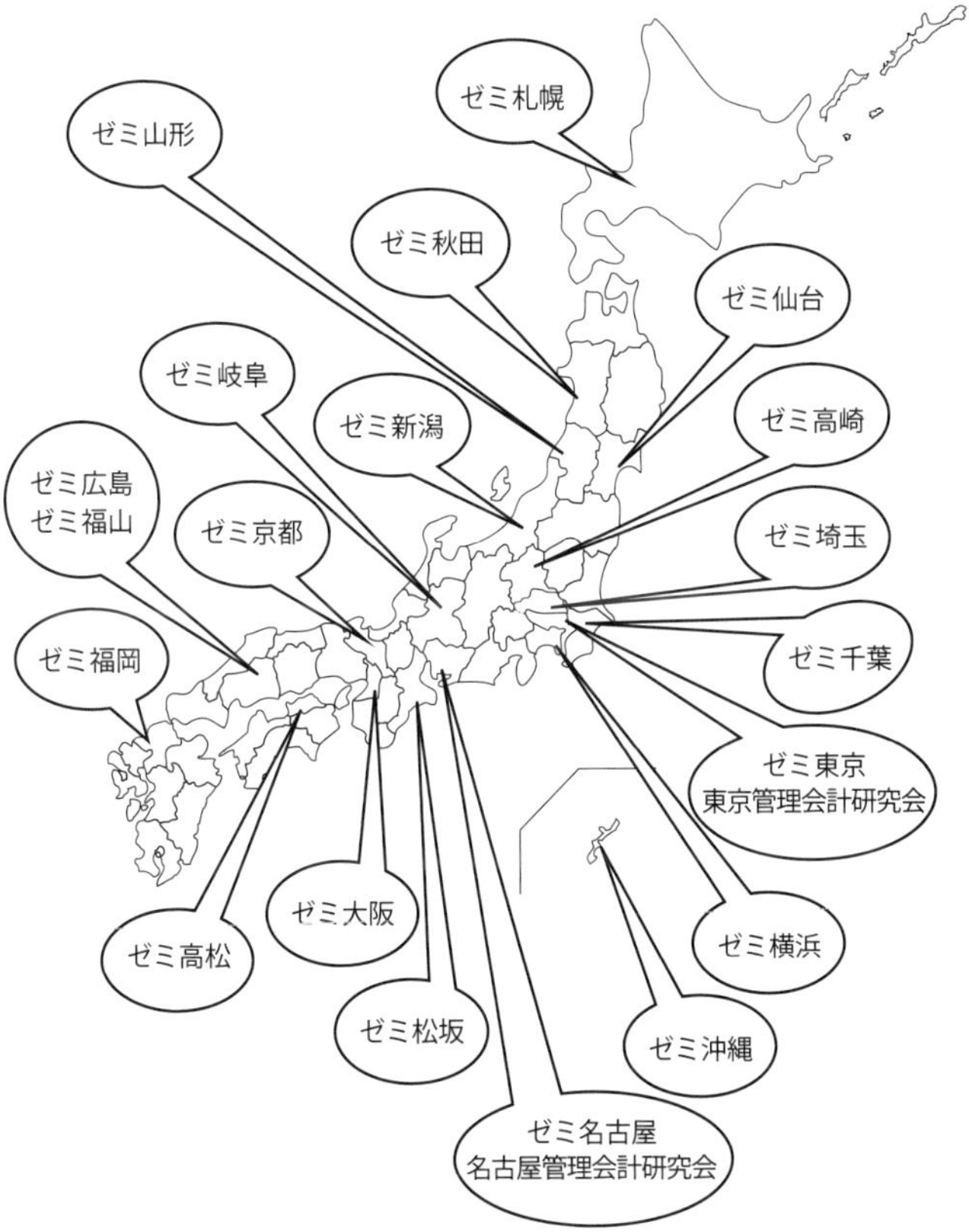

再度訪問して次の機会にぜひともご紹介したいと思っております。第2、第3弾の出版を楽しみにしていてください。

最後になりましたが、ここに本書の出版にあたり、ご協力いただいた全国の中小企業経営者の皆様、そして従業員の皆様、スモールサン会員の皆様、全国のスモールサン・ゼミメンバー、スモールサン・ゼミ運営メンバーの皆様、スモールサン・プロデューサーの皆様、スモールサン事務局の皆様へ改めて感謝の言葉をお贈りさせていただきます。

また、編集にあたり、ご尽力と的確なアドバイスをいただいたスモールサン出版の大崎まこと氏と三恵社の木全《きまた》俊輔氏にも感謝申し上げます。

心からの感謝の気持ちを込め、「企業探訪」へ登壇いただいた企業各社様を掲載させていただきます。

山口義行先生と立教大学の第一学食にて　撮影：山下道夫

〈「企業探訪」掲載一覧〉

発行号	社名	地域	業種	氏名
２００９年６月号	株式会社サイトウ製作所	東京都	精密切削工具の製造販売	齋藤智義
２００９年７月号 ２００９年８月号	株式会社菊谷生進堂	愛知県	お香と香製品の卸、小売り、ＩＴサイト運営	菊谷勝彦
２００９年９月号 ２００９年10月号	株式会社サンエツ	富山県	贈答品の相談販売、大型店舗運営、ＦＣ経営	板川信夫
２００９年11月号	グリンリーフ株式会社	群馬県	有機農産物の栽培・加工・販売	澤浦彰治
２００９年12月号 ２０１０年１月号	Ｏｎｄｅ株式会社（旧株式会社クリエイティブ プロダクツウェーブ）	愛知県	店舗での化粧品販売（販売に伴う美容施術）、化粧品委託販売と企画、サロン運営支援	松波正晃
２０１０年２月号 ２０１０年３月号	株式会社コンティグ・アイ	岐阜県	酵母によるバイオ研究開発	鈴木繁三
２０１０年４月号	日本電鍍工業株式会社	埼玉県	精密品の鍍金（メッキ）加工	伊藤麻美
２０１０年５月号 ２０１０年６月号	スターウェイ株式会社	東京都	環境配慮型梱包輸送システム	竹本直文
２０１０年７月号	株式会社新藤	神奈川県	オーガニックコットン製造販売	藤澤徹
２０１０年８月号	埼九運輸株式会社	埼玉県	トラック貨物輸送	藤冨義和
２０１０年９月号 ２０１０年10月号	株式会社エルパ	東京都	音楽家派遣、音楽家庭教師、音楽療法	島貫歩美

発行号	社名	地域	業種	氏名
２０１０年11月号 ２０１０年12月号	株式会社三楽園	富山県	旅館・エステティック事業、ＦＣ経営	坂井彦就
２０１１年1月号	株式会社メロ・ワークス	埼玉県	酒屋、カラオケチェーン	町田佳昭
２０１１年2月号	株式会社奥本いろは堂	東京都	文具事務用品の販売他	奥本祐二
２０１１年3月号	株式会社内田染工場	東京都	染色加工業	内田光治
東日本大震災　緊急版	株式会社オプティアス	東京都	Ｍ＆Ａコンサルティング	萩原直哉
２０１１年5月号	株式会社トーコー	奈良県	建築金物の製造販売他	西田利博
２０１１年6月号	株式会社ツリーベル	東京都	語学教室、進学・学習教室その他各種教室および学校の経営他	森田晋平
２０１１年7月号	ナルセ機材有限会社	熊本県	自動車用駆動・制動部品の製造・販売（ナルセ式・ワンペダル製造）他	鳴瀬益幸
２０１１年8月号	株式会社コガワ計画	島根県	自動車教習所（Ｍランド益田校）他	小河二郎
２０１１年9月号	株式会社みしま「紀の川壽司本舗」	和歌山県	柿の葉寿司等の製造・販売	三嶋邦義
２０１１年10月号	株式会社吉岡精工	神奈川県	精密装置の設計・製造・販売	吉岡優
２０１１年11月号	株式会社松和産業	三重県	プリント基板事業、特販事業	篠田正道
２０１１年12月号	株式会社ダイワグループ	東京都	自動車ディーラー	湯本拓治

２０１２年１月号	ＡＩＳＢ　Ｈｏｌｄｉｎｇｓ　Ｐｔｅ　Ｌｔｄ	シンガポール	セールスレップ、Ｍ＆Ａ仲介他	上原　正之
２０１２年２月号	株式会社Ｗｏｒｋ　Ｐｒｉｍｅ　Ｃｏｎｔｒａｃｔ	神奈川県	ＩＴ業務の請負、人材派遣業	佐藤亜矢子
２０１２年３月号	株式会社石金精機	富山県	工作機械、半導体製造装置等の設計・製作	清水克洋
２０１２年４月号	丸和繊維工業株式会社	東京都	ニット製品の製造販売	深澤隆夫
２０１２年５月号	株式会社ウメモトマテリアル	東京都	石油製品販売	梅本隼三 梅本麦人
２０１２年６月号	株式会社プラグマ	東京都	社会保険、労働保険の各種届出手続の代行・行政対応	堀口恵子
２０１２年７月号	高村紙業株式会社	東京都	和紙関連商品（美術和紙・書画用和紙・工芸和紙等）の企画、製作、販売	高村光朗
２０１２年８月号	エクステリア・ガーデニングショップ　フローラ	三重県	外構の設計・施工、造園の設計等、園芸関連資材の販売	松倉久登
２０１２年９月号	株式会社ミナロ	神奈川県	ケミカルウッドやアクリル等の樹脂でのモックアップ、木型の製作他	緑川賢司

発行号	社名	地域	業種	氏名
２０１２年10月号	タイジ株式会社	神奈川県	電気タオル蒸し器・全自動酒燗器など業務用サービス機器の製造・販売	堀江裕明
２０１２年11月号	株式会社丸屋本店	新潟県	和洋菓子製造販売	本間彊
２０１２年12月号	株式会社蒲郡製作所	愛知県	精密機械器具部品製造業	伊藤智啓
２０１３年１月号	株式会社玉寿司	東京都	寿司調理販売（江戸前にぎり寿司）	中野里陽平
２０１３年２月号	株式会社キシヤ	福岡県	医科器械理化学器械及び医療設備機器の製造・修理並びに販売　他	末石藏八
２０１３年３月号	株式会社大晃鋲螺	福岡県	ねじ製造・卸販売及び小売、機械工具・締結部品総合商社	北島章雄
２０１３年４月号	株式会社山織	愛知県	寝具類タオル総合開発卸	山本亮
２０１３年５月号	株式会社エムワン	三重県	保険調剤、一般医薬品販売および在宅患者訪問サービス	村井俊之
２０１３年６月号	株式会社井上ボーリング	埼玉県	旧《ふる》いバイクを末永く維持していただくために、あらゆる内燃機シリンダーの再生に挑戦	井上壮太郎
２０１３年７月号	長谷金属株式会社	滋賀県	エレベータ部品の製造	長谷佳幸
２０１３年８月号	エヌ・エイ・アイ株式会社	神奈川県	論文校閲サービス、翻訳サービス、外国語教室、中国語教室運営	伊藤秀司

2013年9月号	株式会社アートフレンド	愛知県	中古車買取業務他	近藤正人
2013年10月号	有限会社蟹御殿	佐賀県	旅館・温浴施設・バーベキューレストランの運営	荒川信康
2013年11月号	有限会社上田自動車	長崎県	「感動の車検」、自動車整備、新車・中古車販売、保険	上田五月男
2013年12月号	株式会社FORTE	長崎県	宝飾品の製造、企画開発、輸入及び卸売業	大島敏幸
2014年1月号	特別号「経営者12人の実践！～変革と革新の担い手の軌跡を追う～」			
2014年2月号	双葉リース株式会社	東京都	建設機械の賃貸・販売・修理、マルチドライミストシステムの開発・販売・賃借	福山慎一
2014年3月号	株式会社アカイタイル	愛知県	外装壁、床タイル、インテリアタイル、特殊用途タイルの製造販売	赤井祐仁
2014年4月号	株式会社パソコンファーム	埼玉県	パソコン販売・修理、ソフトウェア開発、ホームページ作成	高橋大介
2014年5月号	株式会社三恵社	愛知県	各種印刷・出版・デザイン企画	木全哲也
2014年6月号	株式会社中尾清月堂	富山県	和菓子、洋菓子の製造・販売、直営店の運営	中尾吉成

発行号	社名	地域	業種	氏名
２０１４年７月号	株式会社ニットー	神奈川県	プレス金型製作、加工、製品開発、製造、販売、金型及び金型部品の販売（海外を含む）	藤澤秀行
２０１４年８月号	株式会社太田電工社	愛知県	電気及び電気通信設備の企画・設計・施工	太田厚
２０１４年９月号	メーナントーヨー住器株式会社	愛知県	サッシの施工販売・ステンドグラスの製造販売	神谷文崇
２０１４年10月号 ２０１４年11月号	株式会社三栄機械	秋田県	航空機整備器材設計・製作・据付他	齊藤民一
２０１４年12月号	神山デザイン事務所	東京都	アパレルとのデザイン契約や国内の繊維産地振興	神山勝雄
２０１５年１月号	三重エネウッド株式会社　有限会社すかや呉服店	三重県	未利用間伐材等を燃料とした発電事業	綾野寿昭
２０１５年２月号	株式会社渡森	新潟県	製菓副原料及び菓子包装材等、製菓、食品、厨房機械器具、店舗設計施工	渡辺建太
２０１５年３月号	株式会社アワフル	東京都	厨房床の自動洗浄装置の製造、販売、レンタル事業他	緒方和美
２０１５年４月号	ニイガタ株式会社	神奈川県	実験装置及び治具の設計製作、樹脂及び金属他機械加工全般	渡辺学

2015年5月号	株式会社G.K.Works／タカハシ種苗 株式会社	群馬県	屋根リフォーム、雨漏り対応他／ジャット（日本農業高度技術研究会）製品・有機肥料他	高橋俊幸 小沼良彰
2015年6月号	スモールサン日曜大学スペシャル			
2015年7月号	有限会社香華堂	京都府	仏壇仏具の販売、寺院仏具（主に浄土真宗）の製造販売、ネットショップ運営	成影幸仁
2015年8月号	森川商事株式会社	大阪府	一般公衆浴場、不動産管理	森川晃夫
2015年9月号	株式会社丸忠	沖縄県	リースキン事業：家庭用、業務用ダストコントロール商品のレンタル他	喜納朝勝
2015年10月号	株式会社小山製麩所	北海道	麩の製造販売	小山英俊
2015年11月号	株式会社メロ・ワークス	埼玉県	酒屋、カラオケチェーン	町田佳昭
2015年12月号	株式会社山装	神奈川県	建築防水関連資材の製造販売、リフォーム工事	山田進弘
2016年1月号	スマートキャンプ株式会社	東京都	マーケティングパートナープラットフォーム「BOXIL」開発・運営	古橋智史
2016年2月号	アライズ コーヒー ロースターズ	東京都	コーヒー店	林大樹

発行号	社名	地域	業種	氏名
2016年3月号	株式会社田中金属製作所	岐阜県	伸銅部品、水栓部品、浄水器部品、照明部品製造、節水機器、開発製造販売	田中和広
2016年4月号	名古屋モザイク工業株式会社	岐阜県	タイルの総合メーカー	早田辰比呂
2016年5月号	三星刃物株式会社	岐阜県	刃物の製造・販売	渡邉隆久
2016年6月号	ヤマトリフォーム株式会社	群馬県	外壁塗装、屋根塗装、屋根葺き替え、防水工事	登丸賢美
2016年7月号	有限会社すかや呉服店	三重県	着物・呉服・和服の販売・レンタル、オーダーメードスーツ	綾野寿昭 綾野勝敏
2016年8月号	株式会社広島精機	広島県	精密歯車、変速機、減速機の製造販売	柳原邦典
2016年9月号 2016年10月号	石崎家具株式会社	富山県	ベビーベッド・木製育児家具・木製家具製造、家具・店舗向け家具・雑貨・照明・絨毯・ラグ販売	石崎雄世 石崎尚樹
2016年11月号	株式会社フェイス「FAITH」	宮城県	インテリアショップ運営、インテリア用品の卸・販売、インテリアコーディネート業務他	内海忠敏
2016年12月号	日研工業株式会社	愛知県	金型設計製作・各種プレス加工・3Dラミネート加工・加飾加工	出原直朗

2017年1月号	株式会社ヨコヤマコーポレーション	秋田県	解体（土木）事業部、じゅんかん事業部：国産ペレットストーブ販売設置	横山真司
2017年2月号	株式会社三昭堂	愛知県	看板広告、総合建設、不動産	水野利晴
2017年3月号	橋谷株式會社	北海道	業務用砂糖・小麦粉・食用油脂・醤油などの販売、不動産、貸別荘	橋谷秀一
2017年4月号	株式会社いしかわ文明堂	沖縄県	オフィス家具販売、OA文具事務用品販、3S（整理・整頓・清掃）活動コンサルタント	石川京美
2017年5月号	スモールサン・ゼミ横浜・左官体験 in 原田左官工業所			
2017年6月号	株式会社 カワイチ・テック	千葉県	ゴム加工及びゴム加工製品の製造販売、プラスチック加工及びプラスチック加工製品の製造販売	川口秀一
2017年7月号	有限会社柴田商事	愛知県	賃貸（仲介・管理）、売買仲介、ホテル経営	柴田俊成

2017年7月現在

著者紹介

櫻井 浩昭（さくらい ひろあき）

株式会社ストラテジック代表取締役。1965年東京都生まれ。組織変革、人財育成のプロフェッショナル。中小企業が抱える「人育て」の悩みを、理念の浸透、企業価値の明確化、しくみ化の徹底により解決する。

単なる机上論でなく、現場で起きている問題の本質を把握し、「やり方」ではなく「あり方」を問うことで、「人が育つ会社」づくりを共に実現する。BS11「中小企業ビジネスジャーナル」キャスター。

著書に『ハズさない上司 部下も自分もラクになる“引き算式”マネジメント』（講談社）がある。

URL http://strate.jp/

櫻井浩昭の中小企業探訪

中小企業経営の“本質”を探る

2018年 1月31日　初版発行

著　者　櫻井 浩昭
定　価　本体価格 1,600円+税
発　行　スモールサン出版
〒170-0013
東京都豊島区東池袋2-1-13 第5酒井ビル2階
TEL 03-5960-0227　FAX 03-5960-0228
E-mail info@smallsun.jp
URL http://www.smallsun.jp/
発　売　株式会社　三恵社
〒462-0056 愛知県名古屋市北区中丸町2-24-1
TEL 052-915-5211　FAX 052-915-5019
URL http://www.sankeisha.com/

ISBN978-4-86487-755-8　C2034　¥1600E